Bernhard Welte

Was mich glauben läßt

Bernhard Welte
Was mich glauben läßt
Meditationen

herausgegeben von
Bernhard Casper

VERLAG JOSEF KNECHT
FRANKFURT AM MAIN

Die Deutsche Bibliothek – CIP-Einheitsaufnahme

Welte, Bernhard:
Was mich glauben lässt: Meditationen / Bernhard Welte.
Hrsg. von Bernhard Casper. - 1. Aufl. - Frankfurt am Main:
Knecht, 1991
ISBN 3-7820-0639-9

1. Auflage 1991.
Einbandgestaltung: Atelier Warminski, Büdingen.
Papier: Werkdruck »Alster« holz- und säurefrei,
durch Ernst A. Geese, Hamburg.
Satz: K. Schindler, Bild- u. Textverarbeitung GmbH, München.
Druck und Bindung: Ludwig Auer GmbH, Donauwörth.
ISBN 3-7820-0639-9

Inhalt

Zur Einführung

Bernhard Casper

Wer sich heute als Christ darüber Rechenschaft zu geben versucht, worin sein Glauben denn bestehe, der findet sich in einer gegenüber jüngst vergangenen Epochen der Glaubensgeschichte scheinbar gewandelten Situation. Denn man kann einerseits kaum daran vorbeisehen, daß es in unserer Gegenwart eine Fülle von neuen Aufbrüchen des Christlichen gibt, die sich denn auch in neuen Theologien zu Wort melden. Und dies ist ein beglückender Beweis für die Vitalität des Glaubens. Zum andern aber wird gerade durch diese Fülle der neuen Aufbrüche, der versuchten neuen Wege des Christlichen – so scheint es manchen jedenfalls –, die innere Einheit des Christlichen gefährdet. Und Worte können in der Tat immer auch bloße Worte sein. Manchen erwächst daraus eine Verunsicherung und eine Angst, das Fundament zu verlieren, – das hinwiederum doch wohl nur das Fundament des Glaubens selbst sein kann.

In dieser Situation mögen die hier vorgelegten Meditationen eine Hilfe sein, die der Freiburger Religionsphilosoph Bernhard Welte (1906 – 1983) bei Gelegenheit vorgetragen hat. Sie erschienen durchweg in kleineren Zeitschriften und sind deshalb heute kaum mehr zugänglich.

Im Zusammenhang gelesen stellen sie so etwas wie ein „Journal intime" dar, ein bedachtes und zugleich höchst persönliches Bekenntnis zu den Erfahrungen des Denkens und des Lebens, die es Bernhard Welte ermöglichten zu glauben; eine bedachte Entfaltung dessen, was ihn glauben ließ.

Diese Entfaltung ging aus Bernhard Weltes eigenem Ringen um den Glauben in der Herausforderung durch die gegenwärtige Situation der Geschichte hervor, deren Wesen er mit großer Sensibilität erfaßte. Um auf diese Herausforderung zu antworten, schien ihm aber nichts so nötig zu sein wie Redlichkeit. Die hier vorgelegten Texte strahlen deshalb eine große Nüchternheit und Gelassenheit aus. Sie sind verläßlich, gerade weil sie vor dem ausgewiesen sind, was man denkend mitvollziehen kann. Und sie zeigen sich zugleich als das Zeugnis eines Christen, der mit dem eigenen Dasein bezeugte wovon er sprach. Man kann deshalb in diesen Texten so etwas wie ein höchst persönlich formuliertes Credo sehen, ein bekennendes Sprechen, in dem die Reflexionen des Philosophen und die gelebten Glaubenserfahrungen eines Christen zusammenkommen.

Infolgedessen führt der Bogen des in diesen Meditationen zur Sprache Kommenden von der in einem Denkexperiment vorgetragenen *Frage nach Gott* und der Hinführung zu dem unsere Sprache sprengenden *Geheimnis des Nichts* und der diesem antwortenden heilenden *Versenkung in das Schweigen* über das Nachdenken darüber, was das *Armsein* für die Menschlichkeit des Menschen bedeute und worin die *Realität des Friedens,* die große Gabe Jesu, bestehe bis hin zu der Meditation über die *Letzten Dinge.*

Vielleicht kommt der innerste Kern des gelassenen Glaubens Bernhard Weltes in nichts so deutlich zum Ausdruck wie in dem Titel des Vortrages, den er zwei Jahre vor seinem Tode zum 25jährigen Jubiläum der Katholischen Akademie in Freiburg hielt: „Wer an Gott glaubt, muß an alles glauben". Diese Zustimmung zur Welt, die zugleich die Zustimmung zu dem ist, was in Jesus Christus, dem gekreuzigten und auferstandenen, geschah, trägt dieses ganze erfahrene Credo des Philosophen und Christen Bernhard Welte.

Dabei ist es auffällig, daß sich selbst ein Text wie „Vom Sinn und Segen der Armut", der stilistisch sicher der Zeit unmittelbar nach dem Zweiten Weltkrieg zugehört, auch heute noch – und seiner Gedanken wegen: gerade heute wieder – als eine wegweisende Besinnung mitvollziehen läßt. Wir haben mit Recht in den letzten Jahrzehnten entdeckt, daß Christsein die „Option für die Armen" (G. Gutiérrez) bedeutet. Durch Weltes Meditation wird aber sichtbar, daß und wie diese Option der Liebe darin gründet, daß einer sein eigenes Armsein annimmt.

Bernhard Weltes Meditationen, wiewohl nüchterne und durchdachte Überlegungen, halten sich stets im Sprachgestus des inneren Hörens und Antwortens. Es kommt deshalb nicht von ungefähr, daß sie zuweilen wie von

selbst in einem Gebet münden. Ich hielt es deshalb auch für angezeigt, Fürbitten, die Bernhard Welte formuliert hat, mit in die Veröffentlichung aufzunehmen. Sie führen das, was in den Überlegungen und zuweilen auch Abhandlungen dargelegt wird, in eine äußerste Spitze menschlichen Sich-Ausstreckens nach der Wahrheit. Die Meditationen machen insgesamt deutlich, daß man in der Tat vom Glauben nur sprechen kann aus dem Vollzug des religiösen Verhältnisses selbst heraus. L. Wittgenstein: „'Gott kannst Du nicht mit einem Andern reden hören, sondern nur, wenn Du der Angeredete bist'".
Dieses Sprechen bleibt aber nur redlich, wenn es die ganze diesem Menschen zugängliche Welt ins Spiel bringt. Gerade dann aber kann es auch ein gelassenes Sprechen sein, aus dem die große Freude strahlt, zu der ein Mensch gelangt, der denkend dem unsagbaren Geheimnis Gottes zustimmt, das uns in der Liebe anrührt; und der eben dadurch mit seinem sterblichen Leben auf einen gangbaren Weg gekommen ist.

Ein Experiment zur Frage nach Gott

Wie kann heutzutage ein vernünftiger Mensch auf den Gedanken kommen, das, was herkömmlicherweise »Gott« genannt wird, sei eine Wirklichkeit, am Ende gar die schlechthin und für alles entscheidende Wirklichkeit?

Heutzutage – das heißt in einer Zeit, in der nicht bloß die überlieferten, sogenannten »Gottesbeweise« längst, jedenfalls seit Kant, unglaubwürdig geworden sind; mehr noch: in einer Zeit, in der das Wort »Gott« vielen Menschen nichts mehr sagt. Also in einer kritischen und gründlich säkularisierten Zeit und Welt. In dieser Zeit, in dieser Welt soll versucht werden, die Frage nach Gott neu zu stellen. Sie kann heute nicht anders als ›gegen den Strich‹ gestellt werden.

Ich möchte im Bewußtsein dieser Zeitsituation eine Art Denkexperiment vortragen. Ein Denkexperiment hat nur dann einen Sinn, wenn man es *macht.* Das heißt: mit dem, was ich sagen möchte, will ich einladen, das Experiment mitzumachen, d. h. *mitzudenken.*

Zum Experimentcharakter gehört auch, daß es nicht von vornherein sicher ist, ob es gelingen und den gewünschten Erfolg haben, d. h. ob es *überzeugen* wird.

Ich möchte jeden, der daran Interesse hat, einladen, falls er will, mit mir experimentierend ein paar Denkschritte mitzumachen. Wohin er dann mit diesen Schritten kommt, das muß jeder selber sehen. Gerade das gehört zum experimentellen Charakter dieser Denkschritte.

Das Experiment soll in folgenden Schritten vorgeführt werden: Ich möchte Sie zuerst auf drei auch in einer säkularisierten Welt kaum zu leugnende Tatsachen aufmerksam machen. Diese Tatsachen sind sehr einfach; aber nur die erste der drei Tatsachen ist deutlich zu sehen, die anderen sind schwieriger wahrzunehmen. Und ich möchte dann am Ende vom Zusammenhang dieser drei Tatsachen sprechen; denn ich glaube deutlich zu sehen, daß sie einen Zusammenhang haben und daß aus diesem Zusammenhang sich einiges an Konsequenzen ergibt.

Ich schlage vor, wir sollten als erstes die Tatsache ins Auge fassen, *daß wir da sind* inmitten anderer Menschen, inmitten der Gesellschaft, inmitten unserer Welt. Dasein auf der Welt, das ist wohl unleugbar und ist wohl auch unabhängig davon, ob wir unser

Dasein als ein säkularisiertes oder wie immer charakterisieren wollen. Jedenfalls: wir sind da in unserer Welt. Solche Worte haben einen realen Sinn. Es ist eine elementare, unleugbare Tatsache, die in ihnen zum Ausdruck kommt.

Wir suchen, sie ohne alle Einschränkung im Auge zu behalten. Wir wollen uns also hier nicht festlegen auf eine bestimmte Interpretation des Daseins in der Welt, sei es die von Descartes oder die von Heidegger oder die von Sartre oder die von Sigmund Freud oder irgend eine andere. Wir wollen ohne die Einschränkung bestimmter, wenngleich wichtiger Hinsichten auf diese Sache selbst blicken, auf die Tatsache, daß wir da sind in unserer Welt.

Wir wollen diese Tatsache I der Kürze halber einfach »Dasein« nennen.

Aber nun kommen wir gleich zu einer zweiten Tatsache, die schwieriger wahrzunehmen ist und bei der wir länger verweilen müssen. Wir Daseiende und Lebende in unserer Gesellschaft und in unserer Welt, wir wissen, daß wir einmal nicht da waren und daß wir einmal nicht mehr dasein werden. Es gibt inmitten unseres lebendigen Daseins also ein Wissen und also wohl auch eine Erfahrung davon, daß es einstmals und künftig so etwas wie *Nichtdasein* gab und geben wird.

Auch dies hängt nicht vom säkularen oder auch nichtsäkularen Daseinsverständnis ab. Es ist eine, wie mir scheint, unleugbare Tatsache. Eine Tatsache, die zudem insofern universal ist, als sie auf eines *jeden* Menschen Dasein in der Welt bezogen ist und bezogen werden muß. Es ist niemand unter uns, von dem nicht gesagt werden müßte: er war einmal nicht da und – wichtiger noch – er wird einmal nicht mehr da sein.

Was von allen einzelnen Menschen gilt, gilt gewiß auch von allen überindividuellen menschlichen Gebilden, von Institutionen, von gesellschaftlichen Formen und Kulturen. Niemand und nichts, was menschlich ist, entrinnt dem Nichtdasein. Das Nichtdasein bezieht sich auf alles Dasein und fordert alles Dasein ein. Wir wollen dieses Nichtdasein nun ins Auge fassen.

Wir wollen es der Einfachheit halber ›Nichtdasein‹ oder noch kürzer ›Nichts‹ nennen; die Tatsache II in unserer Aufzählung der Tatsachen.

Verweilen wir dabei. Wir wissen darum; woher eigentlich? Jedenfalls wissen wir darum, daß wir einmal nicht da waren und einmal nicht dasein werden. Wir wissen vom Nichtdasein, vom Nichts. Wir könnten nicht davon wissen, wenn es uns nicht auf irgendeine Weise zur Gegebenheit oder zur Erfahrung käme. Kommt uns das Nichtsein zur Erfahrung, etwa angesichts des Todes eines Verwandten oder eines Freundes, dann bedeutet dies: Nichtdasein ist zwar zunächst etwas *Negatives,* aber die Tatsache, daß man es *spürt,* oder doch spüren kann, ist etwas *Positives* an dieser Negativität. Es *besagt etwas,* es *bedeutet etwas,* daß Menschen einmal nicht mehr da sind. Die Negativität hat diese positive Seite. Positiv ragt die dunkle Erfahrung des Nichts in unser Leben hinein. Deswegen haben ja auch viele Denker davon gesprochen – Pascal hat davon gesprochen, Heidegger hat in anderer Weise davon gesprochen, Schelling hat davon gesprochen und viele andere. Sie sind sozusagen Zeugen der positiven Gegebenheit des Negativen, des Nichts geworden. Wer aber diese Zeugen nicht mag und unabhängig von solchen Zeugen etwas über die Dinge nachdenkt, zum Beispiel über den Tod, den eigenen Tod und den Tod anderer Menschen; wer dabei verweilt, was in hundert Jahren oder in tausend von ihm und von allen Menschen, die er kennt oder von denen er hört, übrig sein wird; wer den Rat Pablo Nerudas befolgt, nämlich von Zeit zu Zeit ein Bad im Grabe zu nehmen, wie der Dichter sagt (De cuando en cuando, Gedichte, Suhrkamp Verlag, Frankfurt am Main 1963, S. 230/231), der wird kaum zu bestreiten wagen, daß das Nicht-mehr-dasein, das Nichts, eine merkwürdige und große und unleugbare Gegebenheit ist.

Freilich müssen wir hier auf einige Umstände achtgeben, um dies recht sehen zu können: z. B. ist es für unsere Überlegungen grundlegend zu sehen, daß Nichts im Sinne von erfahrbarem Nicht-dasein ein *zweideutiger* oder ein zweiwertiger Ausdruck oder besser eine zweiwertige Erfahrung ist. Wer es erfährt und also im Sinne der Erfahrung sozusagen *sieht:* ›wir alle werden nicht mehr sein‹, der kann diese Erfahrung doppelt interpretieren, ohne daß der Gehalt der Erfahrung selber über diese doppelte Möglichkeit entschiede. Das Nichts kann entweder so interpretiert werden: *hier ist überhaupt nichts;* dann handelt es sich um nichtiges Nichts. Es kann aber auch so interpretiert werden: hier ist etwas *Verborgenes.* Das sind zwei verschiedene mögliche Interpretamente des erfahrbaren Nichts.

Im Falle des ersten Interpretamentes wird der Interpretierende also sagen: hier ist überhaupt nichts. Im zweiten Falle wird er sagen: hier sehe ich nichts, aber es könnte doch etwas dasein, es ist vielleicht wirklich etwas da. Ein einfaches Modell kann diese ambivalente Situation deutlich zeigen. Wer in ein ganz verfinstertes Zimmer eintritt, der kann sagen: ich sehe nichts. Aber dieser Ausdruck kann etwas Doppeltes bedeuten. Er kann bedeuten: hier ist nichts. Er kann auch bedeuten: hier ist etwas, aber ich sehe es nicht; hier ist etwas verborgen, verhüllt in der Dunkelheit des Raumes. Das bloße Nichtsehen oder sagen wir, das bloße Sehen des Nichts, der Dunkelheit entscheidet darüber nicht, und insofern ist es eine ambivalente, eine auf mehrfache Weise auslegbare Erfahrung. Und sie entscheidet von ihrem eigenen Gehalte her diese Ambivalenz nicht.

Behalten wir dies im Auge bei allen folgenden Überlegungen. Sie bleiben zunächst alle zweideutig, und wir werden am Schlusse überlegen müssen, ob die Zweideutigkeit sich entscheiden läßt, und wenn ja wodurch.

Aber verweilen wir zunächst noch weiter bei dieser merkwürdigen Tatsache II: Nichtdasein. Und ich schlage vor, daß wir vor allem bei dem *künftigen* Nichtdasein verweilen; nicht als ob das andere, das vergangene nicht auch interessant wäre; aber das künftige ist das dringendere, an dem wir das Phänomen intensiver erfahren können. Verweilen wir also bei diesem, daß wir einmal nicht dasein werden, bei dem künftigen Nichts. Dann können wir darüber merkwürdiger Weise ein paar Aussagen machen.

Zum Beispiel die Aussage, daß das Nichts unsere Aufmerksamkeit *abdrängt.* Das Nichts hat etwas an sich, das uns veranlaßt, nicht oder doch nicht gerne daran zu denken, und allerhand Immunisierungsstrategien zu gebrauchen, um sozusagen darum herumzukommen. Daher fliehen wir beständig vor ihm, etwa in die Geschäftigkeit positiven Daseins und seiner angeblichen oder wirklichen Wichtigkeit: um nämlich, soweit wir schauen, überall bloß noch dieses Positive, daß wir da sind und es mit wichtigen Dingen zu tun haben, zu sehen. Oder wir decken das Dunkel des kommenden Nichtdaseins mit Entwürfen und Utopien des künftigen und wie wir hoffen besseren Daseins gleichsam zu. Wir entwerfen ins Künftige hinein die besseren Möglichkeiten, die steigenden Perspektiven. Das ist auch ein ganzes Stück weit sinnvoll. Aber kann es nicht leicht zu dem Zwecke dienen, uns die Illusion zu machen: die Sache gehe immer weiter, ja gar immer aufwärts? Und dann sind wir wiederum um das Nichts geschickt herumgekommen. Oder: wenn auf das Nichts, etwa auf das Nichts des Todes hingewiesen wird, und wir kommen nicht darum herum, so neutralisieren wir diese Tatsache gerne im Bewußtsein, nämlich zu einem Vorkommnis unter anderen und womöglich zu einem belanglosen Vorkommnis. Die Todesanzeigen in der Zeitung sind Anzeigen, die der äußeren Aufmachung nach nicht viel anders aussehen als die Anzeigen der Kinoreklamen oder der Zigarettenreklamen oder andere Anzeigen. Sie haben auch einen immerhin vergleichbaren Tarif. Es ist wie ein Indiz dafür, daß das Nichtdasein des Todes sozusagen eine übliche Sache unter anderen üblichen Sachen ist, die zu einem gleichen oder zu einem ähnlichen Tarif verkauft und verwaltet wird. Aber stimmt dies eigentlich? Diese Perspektive? Oder noch eine andere Möglichkeit: wir diffamieren bisweilen die Beschäftigung mit dem drohenden Nichtdasein, etwa als Flucht vor den Aufgaben des Tages, als unnütze Beschäftigung usw. Es gibt viele solcher Immunisierungsstrategien. Aber sie hindern alle nicht und können alle nicht hindern, daß das Nichtdasein, das kommende und drohende Nichtdasein, eine von der Sache her unleugbare Tatsache ist, eine Tatsache freilich, die von ihrem Verhältnis zu unserer menschlichen Situation her doch gerne geleugnet oder vertuscht wird. Immer noch ist richtig, was einst Pascal in den Pensées notierte: »Wir laufen ohne Sorge in den Abgrund, nachdem wir etwas vor uns hingestellt haben, was uns hindert, ihn zu sehen«. (Fr. 183, nach Brunschvicg). Dies hat zur Folge, daß es also nicht leicht und schon gar nicht selbstverständlich ist, sich damit ernstlich zu beschäftigen, obwohl die Tatsache nicht zu leugnen ist und auch von niemandem ernstlich geleugnet wird. Aber um sich ernstlich mit ihr zu beschäftigen, bedarf es einer Wendung des Bewußtseins, die nicht und nie selbstverständlich ist. Es bedarf eines Entschlusses der intellektuellen Redlichkeit und auch des Mutes, gegen die Strömung unseres Daseins und erst recht gegen den Trend des öffentlichen Geredes in voller Offenheit das Unleugbare anzublicken, daß wir alle nicht mehr dasein werden eines Tages, sich dieser Erfahrung auszusetzen und ihr standzuhalten. Nur so können wir den fast allmächtigen, aber vordergründigen Illusionen entrinnen und uns der wirklichen Wahrheit unseres Daseins nähern, seiner *Endlichkeit.*

Vertieft man sich solchermaßen gegen den Strom und Trend in dieses Nichts, das kommt und droht, dann kann man weiteres daran sehen, weitere und erstaunlichere, wenn auch auf gewisse Weise selbstverständliche Dinge. Man kann einiges von den *Dimensionen* des Nichts erkennen. Zum Beispiel: die Dimension der *Endlosigkeit.* Das Nichts hat kein Ende. Was ins Nichtdasein gesunken ist, kehrt niemals wieder. Das Niemals geht niemals zu Ende. Dies ist der Ausdruck der Endlosigkeit des Nichts. Es ist der schweigende Abgrund, in den der Mensch und alles Menschliche immer tiefer fällt und doch nicht weiterfällt.

Das Endlose, an der Vergänglichkeit dieses Daseins gemessen, ist eigentlich *das ohne Maß Grössere.* Wir werden viel länger nicht dasein, als wir da sind. Es ist das ohne Maß Größere in seiner endlosen und ungeheuren Weiträumigkeit. Wer dieses ungeheure und ohne Maß Größere spürt, der wundert sich darüber, daß es Menschen so gleichgültig lassen kann.

Aber dazu kommt noch eine andere Dimension. Sie kann vielleicht als Dimension der *Intensität* der Extensivität, der Weiträumigkeit des Nichts gegenüber gestellt werden. Das Ungeheure und Endlose des Nichts wird erst voll und scharf, wenn wir an seine *Unausweichlichkeit* denken, sie ist seine Intensität.

Niemand kann wirklich der Drohung des Nichts entrinnen. Freilich können wir die Augen davor schließen. Aber es kommt und es verschlingt alles Dasein und es behält alles Dasein und dies für immer. So groß und, wie man so sagt, unvergeßlich die großen Männer und die großen Taten des menschlichen Daseins sind, sie werden ebenso wie die kleinen Menschen und die kleinen Taten verschlungen vom Nichts, und keine Macht der Welt kann sie diesem entreißen. Das Nichts ist in seiner Unausweichlichkeit das Einzige, was allem Dasein, aller Macht des Daseins gegenüber wirklich das Übermächtige ist. Lautlos freilich und mühelos. Das Übermächtige also in einem ganz anderen Sinn als dem, den wir gewöhnlich mit dem Wort ›Macht‹ verbinden, indem wir dabei an die Macht des Herstellens oder des Durchsetzens denken. Das Nichtdasein ist lautlos. Es ist, ohne gleichsam ein Glied zu rühren, das Übermächtige. Das Übermächtige und eben deswegen das Unentrinnbare. Diese Intensität des Nichtdaseins können wir vielleicht auch seine ›Unbedingtheit‹ nennen, nur hat dieses Wort dann keinen abstrakten, etwa logischen Sinn, sondern einen höchst konkreten. Das Nichtdasein ist unbedingt, denn man kann ihm nichts entreißen und es hat keinen Sinn, sich mit ihm auf einen Handel einzulassen und ihm einen Preis anzubieten. Es kommt und es nimmt und es behält. Gefragt oder ungefragt, bedacht oder unbedacht. Man kann mit großem technischen Aufwand Steine vom Mond holen und eines Tages wohl auch von anderen Gestirnen; aber man kann nichts zurückholen, was vergangen ist. Orpheus kann Eurydike nicht wieder auf die Welt bringen. Hier ist aller menschlichen Macht eine klare, aber lautlose und gleichsam unpathetische Grenze gesetzt, eine Grenze, die von ganz anderer als technischer Dimension ist. Um ihretwillen darf, wie ich glaube, die Erfahrung des Nichts eine unbedingte Erfahrung genannt werden, und dies in einem durchaus konkreten Sinne.

Erinnern wir uns nun an dieser Stelle unserer Überlegungen daran, daß das Nichtdasein als Erfahrung immer doppeldeutig ist. Von seiner Erscheinung, nämlich von seiner negativen Erscheinung her, ist es zunächst und immer noch nicht entschieden, ob es ein leeres Nichts ist, bloße Nichtigkeit oder Verbergung und Entzug. Aber jedenfalls: es ist ungeheuer und es ist in seiner Weise unbedingt.

Von hier aus wenden wir uns nun zurück zu unserem Dasein, aber nun zu einem ganz besonderen und eigentümlichen Moment in unserem Dasein. Wir wollen es das Moment des ›*Sinnpostulates*‹ nennen. Auch dies scheint mir eine unleugbare, wenn auch de facto oft geleugnete Tatsache zu sein, auf die wir nun aufmerksam machen müssen.

Wir Menschen leben, wenn wir unser Leben genauer betrachten, unter der Voraussetzung, daß unser Leben einen Sinn habe. Die Sinnfrage oder noch genauer gesagt: das Sinn-Postulat ist, wie mir scheint, von unserem Dasein unablösbar. Es ist ein Verdienst der modernen kritischen Theorie, dieser Sinnfrage wieder neu Geltung verschafft zu haben in unserem Bewußtsein. Die Frage: was hat dies für einen Sinn? oder: wozu ist dies gut? scheint die eigentliche Leitfrage aller Vollzüge unseres Daseins zu sein.

Stellt man sie radikaler, so darf sie lauten: ›Was hat dieses, daß ich da bin, *überhaupt* für einen Sinn, wozu ist es *überhaupt* gut?‹ Oder allgemeiner formuliert: Was hat dieses, daß wir – Menschheit, als

Gesellschaft und Geschichte – da sind, was hat dies überhaupt für einen Sinn? Diese Frage stellt sich und sie stellt sich eigentlich immer. Wir sind freilich nicht immer darauf aufmerksam. In Wirklichkeit setzt aber der *Vollzug* unseres Daseins immer Sinn voraus, auch dort, wo keine ausdrückliche Reflexion darüber besteht. Und auch dort, wo die ausdrückliche Reflexion den Sinn verleugnet. Es gibt gewiß die Erscheinung, und sie ist bedenkenswert genug, daß ein Mensch dazukommt zu sagen: es habe doch alles keinen Sinn. Daß ein Mensch dazukommt, eine letzte Sinnlosigkeit des Daseins anzunehmen und angesichts ihrer zu leben und zu sterben. Aber dazu muß man bei allem Respekt vor einer solchen Haltung doch bemerken: kein Mensch könnte sich dazu entschließen, wenn er nicht eben darin einen Sinn erkennen würde, es zu sagen und es zu leben: es hat keinen Sinn. Wenn ihm dies nicht als das Redlichere, als das Wahrhaftigere, als das Tapferere vorkäme, also als das Sinnvollere gegenüber allem anderen. Das heißt aber: selbst der Entschluß der Verneinung des Sinnes setzt das Sinnpostulat voraus.

Ich glaube, es läßt sich zeigen, daß Sinnvoraussetzungen als gedachte und entworfene, also als eigens thematisierte, die verschiedensten Interpretationen zulassen. (»Es hat Sinn, um dieses oder jenes Umstandes, um dieses oder jenes Zieles willen.«)

Unter diesen verschiedenen Interpretationen gibt es auch diese äußerste, nämlich zu denken: es hätte alles überhaupt keinen Sinn. So ist es mit der Sinnvoraussetzung als gelebter und vollzogener, und dieser Unterschied muß hier betont werden. Als gelebter und vollzogener ist die Sinnvoraussetzung früher als ihre Interpretamente und als gelebte und vollzogene ist sie unverzichtbar und unaufgebbar, und dies in dem Maße, daß, wenn sie doch aufgegeben würde, die Möglichkeit des Daseinsvollzuges selber mitaufgegeben würde: wo gar nichts mehr sinnvoll erscheint, kann nicht mehr gelebt werden. Hier wären gewiß viele und wichtige Zwischenüberlegungen anzustellen, etwa im Blick auf Albert Camus. Aber diese müssen für eine andere Gelegenheit vorbehalten bleiben.

So können wir sagen: die gelebte Sinnvoraussetzung ist eine Tatsache, die sich selbst durch ihre Leugnung noch und wieder bestätigt.

So haben wir also bis jetzt drei Tatsachen vor uns. Und nun wollen wir schließlich versuchen, diese drei Tatsachen miteinander in Verbindung zu bringen, wie sie auch tatsächlich miteinander in Verbindung stehen. Dann entsteht ein merkwürdiges und wie mir scheint entscheidendes Problem:

Nämlich erstens: Wenn alles unausweichlich

vom endlosen Nichts verschlungen wird, dann muß gesagt werden: es hat eigentlich alles keinen Sinn. Dies ist freilich eine harte Aussage, aber können wir ihr wirklich entgehen? Gewiß gibt es genug immanente und kurzfristige Sinnträger. Aber wenn alles doch einmal zunichte wird, sind sie eigentlich dann wirklich und im Ernst relevant? Wenn alles einmal und dann endlos nichts sein wird, kann man dann noch den Unterschied zwischen gut und böse ernstlich aufrechterhalten? Wenn alles einmal und dann endlos nichts sein wird, kann dann noch der Unterschied zwischen Gerechtigkeit und Ungerechtigkeit, zwischen Wahrheit und Lüge, zwischen Freiheit und Knechtschaft wirklich aufrechterhalten werden? Wenn alles, das Böse wie das Gute, der Freie wie der Knecht schließlich zum alten Eisen des Nichts geworfen werden, unterschiedslos, und dort liegenbleiben, hat es dann wirklich einen Sinn, sich zu engagieren, für die Wahrheit und Gerechtigkeit eher als für die Lüge und für die Ungerechtigkeit? Das Nichts, als nichtiges Nichts verstanden und ernstlich ins Auge gefaßt, stellt allen Sinn gründlich in Frage. Vor dieser Konsequenz ist, glaube ich, nicht auszuweichen.

Dazu muß aber ein zweites gesagt werden. Es muß gesagt werden: *es hat alles Sinn, denn es kann und darf nicht auf Sinn verzichtet werden.* Dies muß in

Form eines *ethischen Postulates* ausgesprochen werden. Aus dem gelebten Sinnpostulat erwächst das *einsichtige ethische Postulat des Sinnes.* Dies wird freilich nur erkennbar, wenn es konkret vorgeführt wird, d.h. wenn konkrete Formen des mitmenschlichen Lebens in Betracht gezogen werden, z.B. die konkrete Liebe zu einem anderen Menschen oder das konkrete Engagement für Gerechtigkeit und für Freiheit von Menschen. Kann und darf in solchen konkreten Situationen gedacht werden: solches habe keinen Sinn?

Oder andere Konkretionen: Wenn wir die unglücklichen Menschen in dieser Welt sehen, die unschuldig Leidenden; wenn wir die Ungerechtigkeit in dieser Welt sehen, darf dann gedacht werden: dies sei gleichgültig, denn es laufe am Ende doch auf dasselbe hinaus, auf *nichts* nämlich? Stellt man die Frage so konkret, und sie muß, wie mir scheint, konkret gestellt werden, dann ist es einsichtig, *daß auf Sinn nicht verzichtet werden darf.* Man darf nicht denken: es sei gleichgültig, gut oder böse zu sein, gerecht oder ungerecht. Man darf nicht denken: das Leiden der Unschuldigen laufe auf dasselbe – nämlich auf nichts – hinaus wie das jener Menschen, die dieses Leiden verursachten.

Das ethische Grundpostulat fordert die Zustimmung zu der *ethischen Grundentscheidung;* es muß am

Sinn der Unterschiede von Gut und Böse festgehalten werden. Diese ethische Grundentscheidung ist *einsichtig* wie das Postulat, das sie anfordert und einsichtig notwendig, wenn sie auch freilich nicht zwingend wie empirische Fakten vor Augen geführt werden kann. Es ist die elementare Erfahrung dessen, was man das ›Gewissen des Menschen‹ nennen kann.

Wenn aber dies gilt, dann stehen wir vor folgender Alternative: entweder ist das Nichts ein nichtiges Nichts, dann hat, konsequent gedacht, alles keinen Sinn. Oder alles hat einen Sinn, und dies ist, wie mir scheint, die einsichtige ethische Grundforderung und Grundentscheidung. Und dann muß das Nichts anders interpretiert werden. Dann erlaubt diese ethische Grundentscheidung, die man mit dem Satz aussprechen kann: es hat alles Sinn, die Zweideutigkeit der Erfahrung des Nichts zu *entscheiden,* die Zweideutigkeit, die von der bloßen Erfahrung des Nichts her nicht entscheidbar ist. Das heißt: dann müssen wir, um die Sinnforderung aufrechtzuerhalten, um der ethischen Grundentscheidung zu genügen, das Nichts entscheiden. Sinnvoll ist Dasein, so müssen wir dann sagen, wenn das Nichts in seiner Unendlichkeit, in seiner unentrinnbaren Macht, kein leeres Nichts ist, vielmehr Verbergung oder verborgene Anwesenheit der unendlichen und unbedingten und allem sinngebenden und verwahrenden Macht. Verborgene Anwesenheit: lautlos, gestaltlos, dunkel, schreckend vielleicht, aber doch Anwesenheit. Man darf aus einsichtigen, wenn schon nicht zwingenden Gründen annehmen, die Ungeheuerlichkeit und die Unbedingtheit des Nichts seien die Zeichen und die Spuren einer ungeheuren und unbedingten, aber entzogenen und verborgenen Wirklichkeit, die allen Sinn wahrt, die den *Unterschied* aufrechterhält, auch wenn ihn Menschen umzustürzen suchen: zwischen Gerechtigkeit und Ungerechtigkeit, zwischen Gut und Böse, und die den unschuldig Leidenden den Sinn ihres leidenden Daseins aufbewahrt auf eine unausdenkliche Weise.

Dies scheint mir eine Konsequenz zu sein, die aus unleugbaren, wenngleich schwierig zu sehenden Tatsachen und ihrer Verknüpfung hervorgeht.

Dies ist das ernste Experiment, das ich vorführen wollte. Es kommt – um dies zu wiederholen – alles darauf an, daß es *gemacht,* d.h. *mitgedacht* werde. Nur im Selberdenken kann sich entscheiden, ob es zum Ziele führt.

Das Gebet des Schweigens

Wer die Unsäglichkeit Gottes im Blick hat, seine stille Größe, die jeden Begriff und damit auch jedes Wort übersteigt, der wird, sich zu Gott hinwendend, zuerst verstummen. Wer sich dessen erinnert, daß alle menschlichen Worte endlich sind und als endliche Bestimmungen und Gehalte an die Unendlichkeit Gottes nicht herankommen, für den wird es deutlich werden, daß es angemessen ist, daß der Mensch sein Wort vor Gott zurücknehme ins Schweigen.

Zwar ist das Schweigen ein Grenzfall dessen, was Menschen möglich ist, zu denen doch die Sprache gehört. Darum wird das Gebet des Schweigens im konkreten Leben der menschlichen Religiosität eher das seltene sein. Aber es ist doch oft beschrieben worden in der abendländischen christlichen Tradition, vor allem von den großen Mystikern, und es ist noch mehr beschrieben worden in östlichen Religionen. Ist das Gebet des Schweigens eine Grenze des Menschlichen, so fällt diese Grenze doch noch in den Bereich der menschlichen Möglichkeiten. Sie bleibt immer und fürs Ganze bedeutsam.

Vielleicht darf man sagen, das Gebet der Sprache muß sich immer wieder nähren aus dem Gebet des Schweigens, und es kann aus dieser stillen Quelle immer wieder neue lebendige Kraft gewinnen, wenn es – wie es manchmal geschieht – im geschichtlichen Leben erlahmte.

1. Das Gebet des Schweigens ist vom alltäglichen Umtrieb und vom alltäglichen Gerede her gesehen zunächst das *Negative*. Es ist: Nicht umtreiben und von nichts umgetrieben werden. Nichts bereden und sich nicht mehr in die Bewegung des Redens treiben lassen. Es ist Stille des Geistes, ja des ganzen Menschen.

Schweigend wird der Mensch also alles »etwas«, d.h. alle Dinge und alle Anliegen der Welt loslassen aus dem Begriff des Begreifens oder des Begreifenwollens. Er wird das Besitzen der Welt und das Besetztsein durch die Welt zu Boden sinken lassen. Er wird die Triebe und ihre Neugier still werden lassen. Er wird Stille und Gelassenheit werden.

2. Dieses Schweigen und Stillwerden ist aber nicht bloß negativ. Es setzt sich zwar negativ ab von Umtrieb und Gerede, aber es hat in sich selber seine eigene verschwiegene Positivität und seinen großen Gehalt an Leben.

Es ist wie reines Hören, das zwar kein »Etwas« hört, aber offen und bereit ist, alles zu hören. Oder es ist wie die reine Helle des Schauens, das zwar an keinem »Etwas« mehr hängt, aber Offenheit ist für alles.

Als solche Offenheit des Hörens und des Schauens ist das Gebet des Schweigens totale Öffnung und als totale Öffnung kann es *Sammlung* genannt werden; Sammlung aus der Zerstreuung an dies und das. Die Zerstreuung, die der Sammlung entgegengesetzt ist, läuft in alles mögliche auseinander. Sie hält sich an alles mögliche in der Weise, sich ans nächstbeste festzuklammern und alles andere Mögliche sich aus dem Kopfe zu schlagen. Sie teilt so die Welt, und die Welt ist ihr geteilt. Sie treibt sich im Geteilten und im Einzelnen und Vereinzelten um.

Die Stille der Sammlung hingegen, die sich aus der Zerstreuung gesammelt hat, verhält sich in der Kraft der Stille positiv zum *Ganzen.*

Zuerst zum Ganzen von Welt und Dasein. Wir können sagen: Sie läßt alles sein, was immer ist. Sie verstellt und verdrängt nichts. Ja mehr noch: Seinlassend gönnt sie jedes jedem und ist so mit allem und mit dem Ganzen in lautlosem Einklang, gerade indem sie sich an nichts einzelnem festhält. So ist sie wirklich Sammlung. Und dieses alte Wort, das seit langem in der religiösen Sprache gebraucht wird, erhält seinen genauen Sinn. Im stillen Raum des schweigenden Hörens ist alles versammelt, die ganze äußere Welt, die ganze innere Welt, alles atmet, ins Freie versammelt, darin.

Die Sammlung des Schweigens ist aber noch mehr als die Sammlung bloß der inneren und äußeren Welt. Sie ist die reine Freiheit und Offenheit, die zwar alle Welt umfängt, aber zugleich und vor allem auch alle Welt übersteigt. Das, worin die Welt gesammelt wird, ist ihr größer als alle Welt. Es ist die abgründige Weite der Unendlichkeit des Geheimnisses, das alles trägt und alles gewährt und auf alles wartet. Die schweigende Sammlung öffnet sich über alle Welt hinaus in den Abgrund der Gottheit, die lautlos alles umfängt.

3. In diesen Punkt fügt sich zu den genannten Bedingungen des Schweigens und der Sammlung eine dritte, die entscheidende: die Andacht. Auch Andacht ist ein altes und zuweilen abgegriffenes Wort der religiösen Sprache, dem wir wieder einen genauen Sinn geben sollten.

Andacht bezeichnet eine *Richtung* des Denkens. Die Silbe »an« gibt die Richtung an, die Silbe »dacht« das Denken. Denken darf aber in unserem Zusammenhang genommen werden für das ganze lebendige und nun im Schweigen versammelte Dasein des Menschen. Das Wort Andacht soll also im ganzen die Richtung oder die Transitivität des ins Schweigen versammelten Daseins bezeichnen. Das Schweigen wird voll sein von Andacht. Der leise gesammelte Strom des Daseins wird darin nicht in sich verweilen, er strömt vielmehr in seiner Stille gerade weg von sich in das lautlose Geheimnis der Gottheit.

Gerade darin vollendet sich das Gebet des Schweigens, darin erst ist es ganz und im vollen Sinn Gebet. In der Transitivität des lebendigen Weggehens von sich und des Übergehens zum Ewigen liegt für die Andacht das Ganze und das Höchste.

4. Dieses Ganze und Höchste hat in sich aber auch die Umkehr. In ihr erst vollendet sich das Ganze und Höchste dieses Gebetes.

Denn erhebe ich mich schweigend zu Dir, dem selber schweigenden ewigen Du, so werde ich dessen inne werden, daß diese Bewegung zwar zunächst von mir ausgeht, aber ich werde erfahren, daß sie früher und ursprünglich schon von dem Geheimnis selber ausging und ausgeht, dem ich zugewandt bin. Ich denke in der Andacht an das, was zuvor mich gedacht hat einschließlich meiner andächtigen Hinwendung. Würde das Gebet des Schweigens sprechen, dann könnte es sagen: Du hast dich mir geschenkt, und du schenkst mir jetzt in diesem Augenblick dieses, daß ich mich dir schenke. Dieser Gedanke ist, freilich ohne Sprache, gegenwärtig im Schweigen der Sammlung. Und dieses ist – wie man sieht – die Umkehr. Die Andacht des religiösen Menschen weiß sich geschenkt und getragen von dem Geheimnis, dem sie sich schenkt und entgegenträgt. Sie geht als Bewegung auf eine ursprünglichere Bewegung ein, die mir immer schon zuvorkam.

Darin ist die Andacht viel mehr als nur subjektiv: Sie vollzieht nur nach und mit, was an sich und vom ewigen Du her schon sich vollzieht und immer schon vollzog.

Das Gebet des Schweigens ist so höchstes Leben. In ihm ergießen sich zwei Ursprünge ineinander.

Darum kann es auch die Quelle sein für alle anderen Formen des Gebetes. Aus dem Schweigen können sie sich erneuern.

Stillsein in Gottes Stille

Vielleicht ist dies der Anfang alles wirklichen Gebetes: daß wir stille werden, vor Gott kommen und unser Herz und alles, was darin lebt, in das große Schweigen führen.

Unser Leben ist sehr geschäftig und unstill geworden, es ist von vielen Sorgen, Aufgaben und Pflichten umhergetrieben. Wohl keiner von uns kann dem gesteigerten Tempo des modernen Lebens ganz entgehen. Ist es uns überhaupt noch möglich, stille zu sein, das Schweigen des Herzens zu gewinnen als Pforte des Gebetes?

Ja, die Stille ist schwieriger geworden und die Versuchung mächtiger, ihr zu entlaufen und immer einen Grund dafür zu haben.

Aber unmöglich ist sie nicht geworden, das wollen wir uns nicht einreden. Sowenig wie der stille Gang unseres Atems dadurch etwa aufgehört hat, daß wir Auto fahren und mit Flugzeugen fliegen, anstatt zu Fuß oder mit der Pferdepost zu reisen. Es gibt Dinge, die bleiben gottlob immer bei uns, wie sehr sich auch sonst das Leben verändern mag. Dazu gehört das Atemholen, und dazu gehört die Fähigkeit, stille zu werden vor Gott.

Man braucht dazu auch nicht viel Zeit. Wie man zum Atemholen eigentlich keine Zeit braucht und nichts versäumt. Eines Vaterunsers Länge genügt ganz gut, um in das lebendige Wasser des Schweigens zu tauchen und erfrischt daraus hervorzugehen. Vielleicht genügen schon die beiden Worte »Vater unser«, um uns mit rascher und doch stiller Wendung hineinzuführen, und dann brauchen wir bisweilen gar nicht weiterzubeten.

Getrauen wir uns also nur, unser Herz bisweilen in das heilige Stillwerden vor dem selbst so stillen Angesicht und Atemzug des Ewigen zu führen. Gottes Stille selbst ist es, die dann Schweigen gebietet unserm Herzen und all dem, was an unruhigem Getriebe darin lebt und sich still und belebend darüber hinwölbt wie der Himmel über die Erde.

Im rechten Schweigen vor Gott sollen wir nicht draußen lassen, was an lauten und leisen Dingen unser Herz erfüllt, wir sollen es vielmehr mit hineinnehmen. Alles soll ruhig mit eintreten und mit dasein, mit uns vor Gott und da in ruhigen Gang und Atem kommen und gleichsam münden wie Strom und Bach und Welle in die große Meeresstille Gottes. Denn vor Gott darf alles sein und leben.

Mit hinein sollen unsere großen, weltweiten Sorgen: um die Völker, die christlichen und die unchristlichen, da für Christen doch alle Menschen Brüder und Schwestern sind. Unser Mitsorgen und Mitzittern um ihr Glück und Unglück, ihr Recht und Unrecht, ihr Leiden und Hoffen. So soll die Politik mit hinein, und unser Herz soll weit sein wie die Welt und voll auch von den öffentlichen Sorgen. Denn alles ist Gottes.

Und natürlich sollen mit eintreten in die Stille unseres betenden Stehens vor Gott auch unsere persönlichen Gedanken, Sorgen, Freuden und Nöte, die Dinge unseres Berufes und unserer Familie, diese dichte und starke Welt, die unaufhörlich uns Kopf und Herz erfüllt. Hier aber müssen wir mehr noch als sonst darauf achten, daß alles dies wohl zwar mit dabei sei, aber nicht so, daß es vorlaut durcheinanderschreit und alles übertönt und verdrängt, auch den so leisen und in süßer Stille so mächtigen Gedanken an Gott. Wir müssen darauf achtgeben, daß alle unsere weltlichen Sorgen und Freuden selbst still und locker werden und sich lösen, daß sie in ein richtiges Sich-Ausschwingen kommen und daß sie so schließlich sich leise ergießen können mit allem Süßen und allem Bitteren, was in ihnen lebt, in das wunderbare Herz Gottes.

In der Stille vor Gott darf und soll auch mit dasein und leben, was wir selbst nicht gerne sich verlauten lassen in uns. Da sind unsere Versuchungen, darunter so heimliche und verdemütigende, da ist unsere vielfältige Schuld, darunter solche, die fast ungreifbar im verborgenen lebt und von unserem Bewußtsein immer überspielt und verdrängt wird. Da sind unsere Zweifel, unsere scheinbare Ohnmacht, wirklich an Gott zu glauben und nicht bloß so zu tun, und all die Schwierigkeiten, die wir, laut oder verschwiegen, haben mit der Kirche, mit dem Gebet, mit den Sakramenten und vielem.

Alles dies ist da und ist die Wirklichkeit, die in uns lebt. Und alles, was lebt, darf leben und soll leben vor Gott, dem Herrn, dem alles lebt. Und wenn etwas am meisten, dann das geknickte Rohr und der nur noch glimmende Docht. Alles soll sich öffnen, soll, bebend vielleicht, aus seinem Grab im Herzen hervorkommen und soll sich hinwerfen und stille werden und sich ausgießen vor Gott. Dies ist der Rat des Sängers der Psalmen: Gießet aus vor ihm eure Herzen.

Gott weiß alles und ist größer als unser Herz, wie wir im 1. Johannesbrief lesen. Da braucht nichts verdrängt oder verstellt oder verschüttet zu werden. Da können wir ganz vertraut sein und alles sagen, indem wir alles in verstummendem Vertrauen ins Herz des großen Schweigens gießen.

Gott weiß alles, und er ist größer als unser Herz,

in dem er alles richtet und klärt und segnend der Heilung entgegenbringt, was ihm wirklich anvertraut wird. Wenn unser ganzes Herz in die Stille Gottes sich vertrauend hineingeworfen hat, dann verwandelt es Gott zu seinem Heile, und wir gehen gestärkt und erneuert daraus hervor. »Was seid ihr furchtsam, ihr Kleingläubigen«, dieses stille Wort Jesu kann uns dann eine neue Offenbarung werden. Oder jenes wunderbare Prophetenwort, das uns die Liturgie gegen Ende des Kirchenjahres immer wieder zum Beginn der eucharistischen Feier aus stillem Jubel singen lehrt: »Dies spricht der Herr: ich denke Gedanken des Friedens und nicht der Bedrängnis. Rufet mich, und ich will euch hören, und ich will heimführen euere Gefangenschaft aus allen Orten.« Dabei darf man gewiß auch an alle Gefangenschaft des Herzens denken und alle entlegenen inwendigen Orte, an denen sie oft schmerzensreich stattfindet. In der Stille Gottes ist ihr wie allem Friede bereitet, Heimführung und Heimat.

Mag es uns noch so unbegreiflich sein, wie dieser Friede ist, mögen wir noch so kleingläubig sein, ob er auch gerade unser Herz erreichen werde: Das Wort Gottes steht, und niemand wischt es aus, und Gottes unmerkliche und unbegreifliche Stille wirkt und verwandelt alles, und alles zum *Heile*, das sich glaubend und vertrauend in ihr öffnet. Sie ist wie die

Stille des Himmels über dem Senfkorn, dem kleinsten unter allen Samenkörnern. Da es klein und stille liegt und schweigend dem Walten des Himmels überlassen, so erfährt es von diesem eine selbst stille, aber große Verwandlung. Nicht weniger wird Gottes Stille, wenn wir vertrauend in sie hineingegangen sind, unser armes Herz verwandeln.

Meditation über die Zeit

Für gewöhnlich beschäftigen wir uns mit allerhand Dingen und Ideen. Wir wissen zwar, daß wir uns dabei in der Zeit bewegen, aber für gewöhnlich achten wir gar nicht darauf.

Aber es könnte *gut* sein, bisweilen doch still und besinnlich zu achten auf den lautlosen Laut der Zeit, auf diesen leisen Strom, der uns immer wieder eine neue Stunde eröffnet, eine neue Freude bisweilen, eine neue Dunkelheit bisweilen auch. Und das eine wie das andere geht mit der neueröffneten Stunde auch ganz still wieder vorüber. Wer trägt es hinweg? Wo wird es aufbewahrt?

Dabei können wir beobachten, daß unsere Gedanken und unsere Absichten für gewöhnlich ein Stückweit vorauslaufen in der Zeit. Wir denken: Was machen wir heute abend? Was wollen wir morgen tun? oder etwas ähnliches. Und wir nehmen es dabei wie selbstverständlich, daß der Abend kommt, und daß der morgige Tag auch kommt. Aber was ist dies eigentlich für ein merkwürdiges Kommen, was für eine Zu-kunft, was ist das, was uns immer wieder eine neue Stunde eröffnet und mit dieser uns bisweilen überrascht, bisweilen erschreckt, bisweilen beglückt? Unsere Gedanken laufen voraus in das, was kommt und was vor uns liegt, also in die Zukunft. Und diese Zukunft kommt. Und sie bereitet unseren Gedanken und Plänen einen Spielraum, bisweilen ein freies Licht, bisweilen auch eine Beschwernis. Und bisweilen bringt die Zu-kunft eine gute, bisweilen auch eine schlimme Überraschung. Es ist, wie wenn wir immer unsere Hand ausstrecken und wenn irgend etwas diese, unsere ausgestreckte Hand ergreifen würde, etwas, über das wir nicht ganz verfügen können. So stehen wir beständig wie in einer Art Gespräch mit der Zukunft.

Es ist ein zweifaches Zusammenspiel: Die Zukunft kommt auf uns zu und bringt uns die Stunde, die als Gegenwart auf uns und unsere Antwort wartet. Aber sie trifft uns ja nicht ganz unvorbereitet. Wir haben ja schon einiges erlebt, und der Ertrag unseres Lebens ist auf eine seltsame Weise in uns angesammelt. In der sich eröffnenden Stunde wird die Zukunft zur Gegenwart, aber in dieser je neuen Gegenwart wartet auch unsere Vergangenheit. Sie wartet ihrer Zukunft entgegen und ist so selber Gegenwart.

In der sich so eröffnenden Stunde sammeln sich also immer neu die Dimensionen der Zeit und sie strömen leise ineinander. Die Zukunft und die Vergangenheit versammeln sich in je jeder neuen Gegenwart.

Und dann wird alles wieder hinweggetragen und geht vorüber. Wohin ist das Vergangene gegangen? Wie es scheint an einen unantastbaren Ort, denn niemand kann das Vergangene unvergangen, das Geschehene ungeschehen machen.

Und dann merken wir vielleicht auf einmal: Man kann nicht nur die Vergangenheit nicht unvergangen machen, man kann auch die Zukunft nicht abstellen. Und man kann das, was man den »Lauf der Zeit« nennt, weder beschleunigen noch bremsen.

Wir bewegen uns in der Zeit, aber ursprünglicher noch bewegt auch die Zeit uns. Und wir sind nicht Herr über die Zeit und ihre Bewegungen, aber sie scheint über uns Herr zu sein. Freilich so, daß sie uns immer wieder einen Spielraum der Freiheit eröffnet.

Ist die Zeit nicht wie ein Strom? Sein stilles Wasser trägt und bewegt uns. Es erlaubt uns, die Arme auszustrecken und in ihm zu schwimmen, aber wir könnten es nicht, wenn der Strom uns nicht tragen würde.

Und dann ist ja da noch etwas anderes, und das ist das allermerkwürdigste in diesem strömenden »Lauf der Zeit«.

Es fallen uns bisweilen die Toten ein, die wir gekannt haben. Deren Zeit scheint ganz vergangen zu sein. Waren sie bedeutend in den Augen der Menschen, dann sagt man, sie seien in die Geschichte eingegangen. Was immer dies heißen mag, es heißt jedenfalls: Daß wir von dem leben, was sie hinterlassen haben, von ihrem Vermögen, von ihren Gedanken, von ihren Impulsen. Wir sind als die, die wir in unserer Zeit leben, immer Erben derer, die in die seltsame Vergangenheit des Todes hinweggenommen worden sind.

Und damit wird uns ja wohl auch einfallen, daß auch wir selber früher oder später in diese seltsame Vergangenheit des Todes hinweggenommen werden.

Woher kommt die Zeit? Wohin geht die Zeit? Wir bewegen uns, wie es scheint, in der Mitte des Stromes, aber wir sehen weder seinen Ursprung, seine Quelle noch seine Mündung. Oder, um ein anderes Bild zu gebrauchen: Wir sind mitten in der seltsamen Symphonie, die wir Welt oder Leben nennen, in der strömenden Bewegung des Zusammenklangs vieler Töne und Stimmen. Manchmal jubeln sie, manchmal klagen sie, manchmal schreien sie. Und bisweilen sind wir fasziniert vom augenblicklichen Klang. Aber winkt in ihm nicht verstohlen der Ursprung aus einem geheimnisvoll lebendigen

Geist? Und winkt nicht in jedem Takt der Symphonie auch schon der letzte Takt, jener, in dem das Werk erst ganz und vollendet sein wird in dem Augenblick, in dem es ganz vergangen sein wird? Denn erst dann steht es ganz vor uns, erst dann ist es wunderbar und auf wunderbare Weise als ungeheures Ganzes durchsichtig.

Achten wir so auf den stillen und doch so bewegten und bewegenden Lauf der Zeit, und achten wir besinnlich auf die Winke, die wir in diesem Lauf wahrnehmen, das zukommende Gewähren, das stete Wiederentziehen und doch Bewahren von allem. Achten wir vor allem auch auf die verstohlenen Winke des entzogenen Ursprungs und des vollendenden Endes, dann werden wir uns wundern und fragen: Mit was oder gar mit wem haben wir es da eigentlich zu tun?

Winkt da nicht am Ende das ewige Geheimnis, das die Spielräume unserer Freiheit immer wieder neu eröffnet, das uns aus jeder Zukunft heraus neu herausfordert, das unser Schicksal und Werk leise hinter uns einsammelt und aufbewahrt am Ort Nirgendwo, und das uns so hinleitet und hinträgt zu jenem nichtmehr-Sein und ganz-gewesen-Sein, in dem wir erst ganz sein werden, was wir wahrhaftig sind?

Der Strom der Zeit kommt aus den Bergen der Ewigkeit. Er hat beständig etwas von ihrer Klarheit und von ihren Abgründen in sich. Und er strömt in die Unendlichkeit, in das Meer der Ewigkeit. Dieses ist voll von Verheißungen. Und die Berge und das Meer sind eins.

Und doch eröffnen sie den Zwischenraum, in dem wir bisweilen schwimmen oder manchmal ein paar Takte Geige spielen dürfen.

Christlicher Glaube und Erfahrung

Heutzutage wird viel von Erfahrung gesprochen, und dies besonders im Zusammenhang mit dem christlichen Glauben. Was steht hinter diesem mannigfaltig sich äußernden Verlangen, den christlichen Glauben mit der Erfahrung zusammenzubringen?

Den Glauben im Leben verwurzeln

Offenbar wird hier das Bedürfnis empfunden, den Glauben im Leben selbst zu verwurzeln, in dem, was wir unmittelbar leben und erleben und spüren. Dieses Bedürfnis aber entsteht offenbar aus dem Leiden an dem, was man den Überbau-Charakter des Glaubens nennen kann. Nämlich der Umstand, daß der Glaube als ein theoretisches System von Gedanken oder auch als eine bestimmte Praxis z. B. des Gottesdienstbesuches mit dem was wir tatsächlich und täglich leben, oft nicht sehr viel zu tun hat. Wenn es gut geht, glauben wir zwar noch an die christlichen Gedanken, die uns gelehrt wurden, und nehmen auch noch mehr oder weniger am gottesdienstlichen Leben der Gemeinde teil. Aber sind dies nicht oft Inseln im Strome unseres Lebens, die mit diesem Strom selber eigentlich nicht mehr viel zu tun haben, eine Welt daneben oder auch darüber, die gar nichts oder kaum etwas mit unserer täglichen Arbeit im Betrieb oder Büro oder wo immer und mit unserer täglichen Freizeit und mit dem, was wir tatsächlich damit anfangen, zu tun hat? Und so weit es so ist, ist der christliche Glaube tatsächlich ein Überbau, der keine Wurzeln und keine lebendigen Triebe mehr hinabsenkt in das wirkliche Leben. Und dies werden besonders die Seelsorger empfinden, vorausgesetzt, daß sie sich keine Illusionen machen.

Dies ist es wohl, was uns sehr nach der Erfahrungsgrundlage oder den Erfahrungsfolgen des Glaubens fragen läßt. Wenn dies richtig gesehen ist, dann verstehen wir dabei Erfahrung als etwas, was man im tatsächlichen Gang des Lebens unmittelbar spüren und erleben kann, etwas, was in solchem Spüren und Erleben ein Element des Lebens selbst ist, und zwar ein selbst lebendiges Element, aus dem wieder schöpferische Lebensformen hervorgehen. Dieses wirklich gelebte Leben selber würde also durch eine so verstandene Erfahrung spürbar verändert und es empfinge eine neue Richtung, eine neue Stimmung, einen neuen Geist. Etwas, was sich im Ganzen des Lebens auswirken müßte, im Beruf, in der Familie, in allem. Etwas also, was den gefährlichen Überbaucharakter des Glaubens gegenüber dem Leben aufheben und beides wieder zu einer lebendigen Einheit machen könnte.

Dieses Bedürfnis ist durchaus legitim. Aber andererseits muß man doch theologisch darauf aufmerksam machen, daß der Glaube selber als menschliche Haltung zwar erfahren werden kann, aber nicht das an was er glaubt, jedenfalls in den normalen und durchschnittlichen Fällen nicht. Erinnern wir uns an die Stelle im 11. Kapitel des Hebräerbriefs (Hebr 11,1), wo es heißt , der Glaube sei das feste Vertrauen auf das Erhoffte und ein Überzeugtsein von dem, was man nicht sieht. Etwas aber, was man zwar erhofft aber nicht sieht, das spürt und erfährt man ja nicht unmittelbar, das liegt jenseits dessen, was man im Sinne des Sehens oder Spürens das »Leben« nennen kann.

Wohl aber gibt es Erfahrungen, die dem Glauben vorausgehen und ihm den Weg bereiten. Und andere Erfahrungen, die ihm folgen und für ihn hilfreich und charakteristisch sein können. Dazu werden auch Erfahrungen gehören, die die Christen anderen Menschen vermitteln können und vermitteln sollten, und die auf diese Weise Hilfe leisten könnten und sollten, die gefährliche Differenz zwischen Leben und Glauben wieder zu schließen.

Grenzerfahrungen

Der christliche Glaube ist offenbar wenig interessant für Menschen, die glauben, mit ihrem Leben ganz allein fertig werden zu können. Er wird erst interessant, wenn die Menschen anfangen am lebendigen Leibe zu spüren, daß wir mit unserem Leben nie allein fertig werden können. Und daß das Glück und das Paradies auch für die menschliche Gemeinschaft aus eigener Kraft nicht zu erlangen ist. Der moderne Lebenszusammenhang bringt manche Menschen freilich auf die gefährliche Illusion, der Mensch könne und müsse alles selber machen. Er könne demnächst es doch fertig bringen, alles herzustellen, was zu einem gesunden und tüchtigen und freien Leben gehört.

Aber dagegen stehen dann die merkwürdigen Grenzerfahrungen, die wir zwar gerne verdrängen, aber die wir doch immer wieder machen müssen. Z. B. die Grenzerfahrung, daß alle Menschen zu Zeiten leiden müssen. Und vor allem die, daß alle Menschen wirklich und im Ernst sterben müssen. Gewiß, wir denken so lange wir gesund und munter sind nicht gerne daran. Aber manchmal bekommen wir dies, ob es uns gefällt oder nicht, doch ganz elementar zu spüren. Manchmal z. B. schlägt der Tod ganz in unserer Nähe ein. Und dann erschüttert er uns. Und sofern wir dann bereit sind, diese Erschütterung auszustehen, können wir erfahren, daß von daher all unser Glück und alle unsere Erfolge in Frage gestellt sind. Was soll das für einen Sinn haben, wenn wir demnächst wie die, über deren Tod wir jetzt erschüttert sind, auch tot sein werden? Die Frage, die der Tod uns stellt, läßt sich nicht mehr durch menschliche Tüchtigkeit beantworten. Da hat die menschliche Tüchtigkeit, z. B. die der modernen Medizin, so viel Gutes sie auch wirken kann und soll, nichts mehr zu sagen. Da hilft uns die bessere Gesellschaft, für die wir uns vielleicht eingesetzt haben, auch nichts mehr, so richtig dieser Einsatz auch war.

Und doch wollen wir leben und nicht sterben. Und sofern ein Mensch, was freilich nie selbstverständlich ist, sich dieser Erfahrung wirklich öffnet, kann er auf einmal spüren im lebendigen Herzen: Ich kann das Problem meines Lebens und Sterbens nicht von mir allein aus lösen. Ich brauche in meinem Leiden, in meiner Not, in meiner Angst etwas oder jemanden, der nicht mehr von dieser Ordnung der menschlichen Tüchtigkeit, sondern von einer ganz anderen Ordnung ist, und der mit Vollmacht gerade auch angesichts der Erschütterung des Leiden- und Sterbenmüssens zu mir sagte: Fürchte dich nicht.

Das ist also eine Erfahrung, die aus dem Gang des Lebens selbst auftauchen kann und die immer einmal auftaucht, und die ein Hinweis bilden kann, auf den Zuspruch der zu glauben wäre, zu hören.

Erfahrung des Bösen und der Schuld

Zu dieser Art von Erfahrung gehört auch die Erfahrung dessen, was wir das Böse nennen. Wir wissen, daß es sehr böse Dinge gibt in der Welt. Wir wissen auch, daß die Menschen, seit es überhaupt Menschen gibt, sich bemüht haben, das Böse zu überwinden, z. B. durch die Einrichtung des Rechts. Wir wissen aber auch, daß dies bis heute nicht ganz gelungen ist, trotz all unserer Wissenschaft, all unserer Soziologie und Psychologie und Politologie und trotz all unserer hochperfektionierten zweckrationalen Verfahrensweisen und all unserer scheinbar alles vermögenden Technik. Das Böse ist offenbar etwas wie ein hartnäckiges Verhängnis, von dem wir wissen und oft auch spüren, daß es wirklich nicht sein sollte. Und doch hält es sich mit seiner Hartnäckigkeit. Und die ist so groß, daß sie allen unseren so fortschrittlichen Verfahren trotzen kann.

Und was das schlimmste ist: Wenn wir ganz redlich sein wollen, dann müssen wir doch sagen, daß jeder von uns selber auf diese oder jene Weise darin mitverstrickt ist. Wir pflegen zwar das Böse in unserem eigenen Herzen oft zu verdecken und wegzuschieben, um es nur bei den anderen zu suchen. Wir brauchen, wie es scheint, Sündenböcke, um das Leben aushalten zu können; und die sind immer die anderen.

Aber da wartet die Erfahrung doch auf uns, die uns ganz still aus der Mitte unseres Herzens, aus der Mitte unseres Lebens aufsteigen kann, eine Erfahrung, die uns sagt: Ich bin selber schuldig und mitschuldig durch mein Schweigen; durch die Folgen meines Redens und Tuns, durch was immer. Es gehört freilich eine besondere Bereitschaft dazu, etwas wie ein Entschluß, sich einer solche Erfahrung zu öffnen. Sonst kommt sie, jedenfalls an der Oberfläche unseres täglichen Lebens, gar nicht vor. Und doch kann unser Herz einmal zu pochen anfangen, wenn wir aus der Bibel das Wort hören oder lesen: Wer von euch ohne Sünde ist, werfe den ersten Stein auf sie!

Wer es also wagt, diese Erfahrung zu machen, der wird innerhalb ihrer dann auch darüber belehrt werden, daß er sich aus der Not des Schuldigseins nicht selber lösen kann. Da hilft auch der Psychotherapeut nicht mehr, so viel er sonst auch helfen kann. Da bedarf es der Vergebung und die kann man sich nicht selber geben. Da bedarf es einer Instanz, die mit überirdischer Autorität sagen kann: Sei getrost, deine Sünden sind dir vergeben. Ein solches Wort kann, vorausgesetzt, daß die Erfahrung des Bösen und seiner menschlichen Unaufhebbarkeit wirklich gemacht wurde, mitten ins Herz der gelebten Wirklichkeit treffen und dieses Herz verwandeln. Aber freilich, es gehört einiger Mut dazu, in eine solche Erfahrung wirklich einzutreten.

Die Erfahrung von der Unverfügbarkeit des Glücks

Zu solchen Erfahrungen, die den christlichen Glauben vorbereiten und ihm einen Boden bereiten können im Leben selber, gehört auch die allgemeinere Erfahrung von der Nichtmachbarkeit des Glücks.

Es gibt wohl niemanden, der nicht im Grunde glücklich sein wollte. Und bisweilen sind wir ja auch einmal glücklich. Aber leider hält das Glück meistens nicht lange vor. Und mancher Unglückliche mag sich sogar ein wenig in sein Unglück verlieben, das ist sogar modern und es mag auch für eine Weile ein Trost sein. Aber eigentlich ist es ein ziemlich schlechter Trost.

Nehmen wir nun einmal an, ein junger Mann oder eine junge Frau machen die Erfahrung, miteinander glücklich zu sein. Es kann das Glück eines schönen Erfolges sein, oder, viel natürlicher noch, das Glück der Liebe. Oder auch das Glück der Mutterschaft, jenes uralte und immer wieder ganz neue Glück, das auch im Zeitalter der Pille noch nicht ganz ausgestorben ist. Und wenn also ein Mensch auf diese oder auf jene Weise einmal richtig glücklich ist, und wenn er zugleich redlich sein will, was freilich gerade im Glück auch oft schwierig ist, dann kann er auch erfahren, daß das Glück so etwas wie ein Geschenk ist, das der Mensch eigentlich nicht selbst gemacht hat. Auch wenn er alles mögliche gemacht hat, um es zu erreichen. Aber daß dann eines schönen Tages der Himmel eines Menschen wirklich voller klingender Geigen hängt, wie das Sprichwort sagt, das ist einfach ein Geschenk, niemand weiß woher. »Auf welch ein Saitenspiel sind wir gespannt? Und welcher Spieler hat uns in der Hand?«, so läßt *Rilke* die Liebenden sagen, und das drückt doch wohl eine ganz elementare mögliche Erfahrung aus. Und so gibt es die Erfahrung: Das Glück ist nicht machbar und es ist nie einfach ein Gemächte. Man kann und muß vieles machen, aber das Glück, wo es wirklich als Glück erfahren wird, wird als ein Geschenk erfahren. Und dazu als ein immer gefährdetes Geschenk. Wir sind seiner ja nie ganz sicher und nie ganz Herr. Und doch lieben wir das Glück so sehr. Das Herz der Liebenden, glücklich, wie es hoffentlich ist, zittert ja doch auch ganz im geheimen. Wird es anhalten, dieses Glück? Niemand weiß es. Das Herz der jungen Mutter, glücklich, wie es hoffentlich manchmal ist, zittert gleichfalls im Grunde. Kann die junge Mutter sicher sein, was aus diesem, ihrem Kinde wird? Und was aus dessen Schicksal für sie, die Mutter erwachsen wird? Und doch will gerade das Glück Ewigkeit, tiefe, tiefe Ewigkeit, wie *Nietzsches Zarathustra* gesagt hat. Es hört die Glocken läuten in der Nacht zwischen neun und zwölf Uhr:

> »Neun!
> Weh spricht: vergeh!
> Zehn!
> Alle Lust will Ewigkeit –,
> Elf!
> – will tiefe, tiefe Ewigkeit!
> Zwölf!«

Mit diesen Worten des unbändigen Denkens hat er eine Erfahrung ausgesprochen. Wie er sie dann seinerseits gedeutet hat, braucht uns hier nicht weiter zu beschäftigen.

Und ist es nicht so, daß darum gerade die Liebenden in ihrem Glück oder die jungen Mütter in ihrem

Glück in der Stille manchmal anfangen zu beten zu irgend einem bekannten oder unbekannten Gott, er möge doch ihr Glück behüten. Dann kommt ein solches zaghaftes Gebet samt dem Glauben, der doch wohl dazu gehört, aus der Mitte der gelebten Erfahrung des Glücks: Denn das Leben liebt das Glück so sehr und spürt doch, daß es ein Geschenk ist, das man nicht selber machen und schon gar nicht selber bewahren und behüten kann. Das sind Erfahrungen der Grenze, die Erfahrungen des Unglücks, des Todes, des Bösen, und die Erfahrungen des Glücks und seiner Nichtmachbarkeit und seiner Gefährdetheit. Sie lassen sich in einem Spruch zusammenfassen, den ich einmal an einem alten wallisischen Haus gelesen habe. Er lautet:

Ich leb und weiß nit wie lang,
Ich stirb
Und weis nit wan,
Ich fare fort,
Weiß nit wohin,
Weiß nit wie kunt das ich so frehlich bin.

Ja so ist es. Wir können die Erfahrung machen, im Unglück wie im Glück. Allerdings ist diese Erfahrung nicht selbstverständlich. Sie ist an die Bedingung geknüpft, daß man sich frei macht dafür. Aber dann kann man dieses sich wiederholende »Ich weiß nicht«, diese offene Frage aus dem innersten Herzen unseres Lebens und also unserer Erfahrung sich erheben fühlen. Und wahrlich dann nicht als einen Überbau. Und eine solche offene Frage ist doch wie ein Hinhören auf eine mögliche Antwort aus der Tiefe jenes Geheimnisses, das ich nicht weiß und nicht in der Hand habe.

Getroffen vom Wort Gottes

Aus solchen Erfahrungen kann sich der Glaube erheben, falls sie getroffen werden vom Wort Gottes. Wenn der so erfahrene Mensch vom Wort getroffen wird: Fürchte dich nicht! Sei getrost! Selig, und also glücklich sind die, die vor Gott arm sind, selig und glücklich allerdings nicht von sich her, sondern von dem Geheimnis her, das Jesus das Reich Gottes nennt. Aus dieser Begegnung solcher entscheidender Erfahrungen mit dem Wort Gottes kann sich der Glaube erheben. Der Glaube an jene Macht, die auch dem, der leiden und sterben muß und auch dem Bösen und Schuldigen und auch dem um sein Glück Zitternden das Heil zugesagt.

Gewiß: das muß nicht so sein. Aber es kann doch sein. Und dann könnte ein solcher auf einer wirklichen Erfahrungsbasis sich erhebender, aber vom Geheimnis Gottes her betroffener und geschenkter

Glaube sich tief einwurzeln in der lebendigen Erfahrung des Menschen.

Ein solcher Glaube wird sich zwar über alle unmittelbare Erfahrung aufschwingen in das, was man nicht sehen kann. Und in diesem Sinne wird er normalerweise keine Erfahrung sein. Vom Menschen her gesehen, wird er eher ein Entschluß oder gar ein Sprung sein, alle Erfahrung zu überschreiten. Aber auch diesen Entschluß oder diesen Sprung kann man eine Erfahrung nennen. Eine Erfahrung, in der sich ein Mensch oder eine Gemeinschaft der Menschen auf das Unsichtbare und in diesem Sinne Unerfahrene einläßt.

Erfahrungen aus dem Glauben

Nehmen wir also an, ein Mensch öffnet sich aufgrund solcher Erfahrungen im Ernst des Glaubens auf das Heilsangebot Gottes in Jesus dem Christus, und nehmen wir weiter an, er öffne sich dieser Dimension nicht nur mit dem abstrakten Verstand oder einer anderen Sektion seines lebendigen Daseins, sondern er öffne sich ganz und gar, mit Verstand und Herz, mit Leib und Seele, mit allem was zu ihm gehört, er öffne sich ganz dieser Frohbotschaft und lasse sich ganz darauf ein.

Dann wird er aufgrund dieses Glaubens mit seinem Leben neue Erfahrungen machen können, vorausgesetzt allerdings auch hier wieder, daß er sich diesen Erfahrungen wirklich öffnet. Er wird sie jedenfalls machen können und sollen. Er sollte vor allem spüren, daß man aufgrund des Glaubens »fröhlich sein kann in der Hoffnung« (Röm 12,12) und zwar so, daß diese Fröhlichkeit nicht leichtsinnig hinweggeht über die Leiden und die Trauer der Welt und über das Böse, das es immer wieder neu zu bestehen und zu überwinden gilt. Die Fröhlichkeit in der Hoffnung muß vielmehr, diese dunklen Umstände beachtend, auch »geduldig sein in der Bedrängnis«, wie an der selben Stelle des Römerbriefes zu lesen ist. Die Fröhlichkeit der Hoffnung als Grundstimmung des Lebens muß also die dunklen Dinge dieser Welt gerade ins Auge fassen und dann zu durchdringen suchen in dem Glauben, daß Gott auch dafür Heil und Auferstehung und Versöhnung bereitet hat. Darum sollte der Christ in der Fröhlichkeit und Geduld beständig sein, z. B. auch in Krankheit und Alter und angesichts des Todes. Und er sollte in Fröhlichkeit und Geduld beständig sein auch in den Bedrängnissen, in den Leiden, in den Ungerechtigkeiten der Welt und auch angesichts der Unbeständigkeit und Fragwürdigkeit des eigenen Herzens. Für den Christen gilt es immer und unter allen Umständen zu hoffen. Und davon sollte man etwas spüren und erfahren. Und von solcher Hoffnung könnte immer, oder doch wenigstens immer wieder eine freudige Zuversicht ausgehen, die schließlich das ganze Leben durchdringen und durchstimmen und durchformen kann. Und eben dies kann man dann erfahren. Diese alles durchstimmende freudige Zuversicht. Freilich gehört dazu einiger Mut, einige Tapferkeit des Herzens, einige Kühnheit, sich dem wirklichen Leben zu öffnen. Und nicht selten gehört dazu auch etwas wie eine geduldige Arbeit, nämlich um die schweren Dinge, die ja auch zum Leben gehören, und die harten Knoten in der äußeren und in der inneren Welt so mit dem Glauben und seiner Hoffnung durchzuarbeiten, daß sie schließlich auch von der Zuversicht auf Gottes erlösende Macht durchdrungen werden. Wer diese Arbeit auf sich nimmt und also schließlich so weit kommt, der wird spüren, daß das Leben dann besser geht. Er wird es erfahren, er wird etwas von der freudigen Zuversicht eines von Gott erlösten Menschen wie eine helle und hellmachende Kraft erfahren mitten in einer unerlösten Welt, mitten im »Seufzer der Kreatur«, wie Paulus sagt.

Diese Erfahrung sollte aber keineswegs eine bloß individuelle Erfahrung bleiben. Sie sollte vielmehr eine gemeinschaftliche Erfahrung werden und in einen gemeinschaftlichen Lebensstil eingehen. Man sollte es spüren und merken können, daß die Christen miteinander ein gemeinsames, erlöstes und darum immer fröhliches und zuversichtliches Leben führen. Dies sollte die ganze Gemeinschaft erfüllen und auch über sie hinaus auf andere Menschen hin Licht ausstrahlen.

Freilich geht dies nicht ohne selbstlose Zuwendung der einen zu den anderen, nicht ohne Nächstenliebe. Aber auch Nächstenliebe ist ein bloßes Wort, wenn das, was dieses Wort sagt, nicht in wirkliches Leben verwandelt wird, – miteinander und in der Gemeinschaft konkreter wirklicher Menschen.

Wenn so etwas aufblühen könnte, dann würde aus einer christlichen Gemeinschaft eine Gemeinschaft voller Zuversicht und voller freier Selbstlosigkeit durch Leid und Trauer hindurch, durch Krankheit und Tod. Sie würde eine Gemeinschaft sein von Menschen, die bereit sind, zu lachen mit den Lachenden und zu weinen mit den Weinenden, und das würde allen, die daran beteiligt sind, gut tun. Und es sollte sich im Rahmen einer solchen Gemeinde eine stets hilfreiche Solidarität entwickeln gerade mit den Leidenden und Geängstigten und wohl auch mit denen, die ins Böse verstrickt sind. Und eine solche christliche Solidarität wird sich auch nicht stören lassen dürfen durch die harten und bösen Dinge, die es immer wieder unter Menschen und auch in einer christlichen Gemeinde gibt. Christen sollten sich jeweils etwas einfallen lassen, um diese harten Dinge gemeinsam, in gemeinsamer Mühe und Sorge geduldig aufzuarbeiten in Bereitschaft zur Versöhnung und zum Tragen der Last des anderen. So könnte sich der ganze Stil des gemeinsamen Lebens so ändern, daß man also spüren und wirklich erfahren könnte: Diese Menschen leben besser, zuversichtlicher, hilfreicher miteinander. Und dies könnte sogar ansteckend wirken, auch über den engeren Kreis der christlichen Gemeinde hinaus. Und so könnte sich die Differenz zwischen dem Überbau und dem wirklichen Leben schließen, oder wenigstens zu schließen immer wieder beginnen.

Wir kennen das Wort von *Nietzsche:* Erlöster müßten mir eure Erlösten aussehen! Wir sollten nicht vorschnell über dieses Wort hinweggehen. Wir Christen sollten wirklich erlöster aussehen, und zwar jeder einzelne ebenso wie das, was man christliche Gemeinde nennen darf.

Dazu gehört freilich auch, um mit Erich *Fromm* zu reden, Christentum nicht nur zu *haben* sondern Christen zu *sein,* aus dem Kern des lebendigen Lebens heraus. Es gehört dazu, daß die Gemeinde nicht nur eine Kirche *hat,* als einen Dienstleistungsbetrieb, den man gelegentlich benützt, während das

Leben im übrigen wie gewöhnlich weitergeht, sondern daß sie Kirche *»ist«*, aus dem Ursprung ihres gemeinsamen Lebens, der gemeinsam vieles umfaßt, die Werktage und die Sonntage, die Freizeit und die Arbeit, die Familie und die Gesellschaft, das Helle und das Dunkle. Dies wäre ein anderes, ein sozusagen alternatives Leben gegenüber dem, das wir gewöhnlich führen.

Ermutigung zur Seelsorge

Ein solches Bild eines anderen Lebens, und man muß wohl dazu sagen auch eines anderen Sterbens, wird freilich gerade dem Seelsorger, wenn er sich keine Illusionen machen will, wie eine Utopie erscheinen, wie ein traumhaftes Ideal, das immer wieder zerbrechen muß an den harten Realitäten der konkreten Menschen, mit denen er es täglich zu tun hat. Diese Menschen wollen ja für gewöhnlich gar nicht, daß ihr Leben sich ändere. Sie wollen weiter hart und habsüchtig und gierig und gedankenlos bleiben, wie sie es immer waren, auch wenn sie dies nicht so sagen. Sie wollen die Religion gerade als den Überbau, als etwas, von dem sie denken, es könne nichts schaden, gelegentlich dabei mitzumachen. Aber mit dem übrigen Leben habe dies nichts zu tun. Und so denken sie, sie lassen sich nichts dareinreden und den Pfarrer schon gar nicht. Dazu muß man sagen: So ist es in der Tat. Und trotzdem braucht gerade der Seelsorger das, was immer wie eine Utopie aussehen wird. Er braucht ein Leitbild, auf das hin er seine Seel-sorge orientieren kann. Und er wird dann täglich das irgend Mögliche tun, um in der Richtung auf dieses Leitbild die Differenz zu verringern zwischen Leben und Evangelium, zwischen Glaube und Erfahrung. Er wird, je mehr er selber ein Christ ist (und nicht nur Christentum »hat«) der widerstrebenden Härte der elementaren menschlichen Wirklichkeit mit Zuversicht, mit Mut und mit Geduld begegnen und sich nicht von den »Verhältnissen« kleinkriegen lassen.

Und er wird in seiner Sorge um die Gemeinde und ihre Erfahrungen auch des Satzes gedenken, den man sonst vom Tun der Ärzte sagt: Medicus curat, natura sanat. Der Seelsorger hat sich zu kümmern und zu sorgen – curare – um den immer wieder neuen Prozeß der Inkarnation, d. h. der Einfleischung der Frohbotschaft ins wirkliche Leben und in die wirklichen Erfahrungen der Menschen. Aber die Quelle, aus der die eigentliche »Gesundheit« des christlichen Lebens entspringt, die »natura«, d. h. der Ursprung, der wird allemal gewährt aus dem großen und unaussprechlichen

Ursprung, über den auch der Seelsorger nicht verfügen kann, und der alles Wachsen und Gedeihen gewährt. Dies ist der Grund, warum der Seelsorger in all seinem Betrieb auch Zeit für das Gebet haben sollte. Auch das hat mit der Sache der Erfahrung zu tun.

Eine Tatsache

Liebesferne der Zeit ist zwar wohl eine Tatsache, aber sie darf keine Ausrede sein. Wer immer ängstlich über diese Dinge nachdenkt, der muß beunruhigt sein von so etwas. Hier ist ein Schaden, der mehr als nur ein Schicksal ist, obwohl er auch dieses ist. Ein Schaden, der die sittliche Substanz der Gesellschaft im ganzen und jedes einzelnen berührt. Darum darf man sagen: Wir sind schuldig oder jedenfalls mitschuldig an der Liebesferne der Zeit, auch wenn wir diese nicht direkt und ausdrücklich gewollt haben und auch nicht durch ausdrückliches Wollen aufheben können.

Erstlinge der Schöpfung

Der Frühling mit seinem Zauber, das ist eine alte Geschichte. Er ist schon so vielmal dagewesen, daß man sich eigentlich nicht mehr bei ihm aufzuhalten bräuchte. Und doch, ich gestehe es, geht er mir manchmal ans Herz, als hätte ich noch nie so etwas gesehen. Es ist mir schon begegnet, morgens, beim Öffnen des Fensters: die noch unberührte Süße des frühlingshaften Lichtes ging mir wie eine Schauder der Entzückung durch Leib und Seele.

Die ältesten Sachen können immer wieder ganz neu und jugendfrisch sein wie der Frühling und das Morgenlicht. Und dazu gehört auch die immer wieder sich erneuernde Schönheit und Fröhlichkeit menschlicher Jugend. Alles Erste scheint einen besonderen Vorzug zu haben: das erste Licht, der erste Hauch des sich erneuernden Jahres, die erste Blüte der Jugend. Mag alles dies tausendmal wiederkehren und immer wiederkehren: es ist ein Charme daran, der nicht veraltet.

Die Poesie des Frühlings, des Morgens und der Jugend wird freilich oft genug wie eine hübsche, aber recht unnötige Randverzierung des Lebens erscheinen angesichts der Aufgaben, Sorgen, Pflichten und Plagen, die uns den ganzen Tag in Anspruch nehmen.

Aber von diesen »Randverzierungen« führt eine besondere Spur empor zum Ewigen, empor zu Gott. Das Licht des Morgens, das Erblühen der Natur, die Blüte jungen Menschentums und alles in dieser Weise Erste: es ist in ausgezeichneter Weise das »vollkommene Geschenk, herabsteigend vom Vater der Lichter«, wie uns der sonst als trocken geltende Jakobusbrief sagt (1, 17). Die wenngleich irdisch so vergängliche, so doch in ihrem Zauber so unvergängliche Klarheit und Frische der Erstlingsstunde des Tages, oder der Erstlingswonne des Jahres, oder der Erstlingsblüte des Menschenlebens: alles dies offenbart in seinem besonderen, immer wieder sich erneuernden Glänzen den besonders, der um dessentwillen der Vater der Lichter genannt wird. Die schönen Erstlinge der Schöpfung scheinen in ihrer Poesie dem Herzen des Vaters auf besondere Weise nahe geblieben zu sein, und so zeigen sie uns immer wieder etwas vom Glanz, vom Zauber, vom verborgenen Charme dieses ewigen Herzens selber. Damit wir uns den Vater nicht etwa gar langweilig vorstellen. Und darum haben die Frühlinge und alles, was mit ihnen verwandt ist, vielleicht einen Auftrag an uns, der wichtiger sein könnte als vieles, was wir sonst wichtig zu nehmen pflegen.

Unser Text aus dem Jakobusbrief sagt aber gleich noch etwas dazu. Er spricht nicht nur vom Licht und von den schönen Anfängen des Lichtes und vom Vater der Lichter. Er spricht auch von uns, den Menschen, den Christen, und dies im gleichen Atemzug. Er spricht davon, der Vater der Lichter habe uns mit Willen – man möchte fast lesen: mit Lust – (erneut) geboren durch das Wort seiner Wahrheit, damit wir ein Erstling seien seiner Schöpfung (1, 18). Also uns soll dieser Erstlingsstand gewährt sein, dieser neue Lebensmorgen, und alle Frische und Klarheit und Lust, die dazu gehört.

Da ist von der Gnade die Rede, von der Gnade der Taufe zumal, wir merken es. Aber das Wort Gnade ist für uns gleich viel blasser als etwa der Gedanke an einen schönen Frühlingsmorgen, und es strahlt gewiß nicht soviel Fröhlichkeit aus wie die fröhlichen jungen Menschen, die uns vielleicht an einem solchen Morgen begegneten. Aber könnte nicht, was uns im Gebrauche blaß wurde, mit Hilfe unseres schönen heiligen Textes aus dem Jakobusbrief und unter Mithilfe der natürlichen Erstlinge der Schöpfung doch wieder etwas von seinem eingeborenen Leben bekommen? Und darum wird es nichts schaden, wenn wir bei den sichtbaren und vernehmlichen Erstlingen des Lichtes und des Lebens verweilen, bei der Schönheit der hellen Morgenstunden, bei der Fröhlichkeit der jungen Menschen. Sollte das, was der Vater um Jesu willen uns geschenkt hat, sollte die Wiedergeburt und der Erstlingsstand der Gnade etwa weniger frisch sein und schön und morgenklar und fröhlich, und weniger voll von schöner Lebenslust? Sollte Gottes heimlichstes Geschenk weniger – sagen wir das Wort noch einmal – Charme haben als ein schöner Morgen, ein schöner Blütentag und als der schöne Glanz fröhlicher Jugend? Der Erstlingsstand der Gnade und der Neugeburt gewährt uns doch Anteil an der erneuernden Morgenschönheit Gottes. Auf das läuft des Apostels Wort schließlich hinaus.

Dies ist nun zwar eine schöne Botschaft, aber keineswegs eine leicht zu begreifende. Ja manchem von uns mag ihr verheißungsschönes und poetisches Wort wie ein Hohn erscheinen auf das alte Elend, in dem er sich unablässig findet und das Jahr um Jahr nie anders und besonders nie jung und schön werden will. Manchem von uns sind mit den Illusionen auch fast alle Kräfte des Glaubens und der Hoffnung vergangen. Und selbst wenn es nicht gerade so weit kam, so ist es deswegen noch lange nicht leicht, das Wort von der Wiedergeburt und vom Erstlingsglanz für mehr als nur ein schönes Wort zu nehmen angesichts unserer Last an Pflicht und Sorge und dem, was mit dieser täglichen Last fast immer verbunden ist: den Staub des Tages, der Müdigkeit, der Verdrießlichkeit, der Skepsis und was alles sich noch an diese düstere Reihe anhängen mag. Wo ist denn da das frohe Leben der Neugeburt und der süße Zauber des Erstlingsstandes?

Gewiß: es sieht in unserem Leben für gewöhnlich nicht sehr nach solchen schönen Stunden aus. Aber: Sollte uns Gott nicht trotzdem überraschen können und am Ende sogar überrascht haben mit schönen Gaben, und dies heimlich und unmerklich? Sollte er nicht so viel Phantasie haben, wie die Liebenden sie manchmal haben, wenn sie sich heimlich beschenken? Sollte er am Ende vielleicht die Frühlinge in ihrer Schönheit dazu erfunden haben, um uns vielgeplagten Menschen immer wieder jedes Jahr quer zu all unserer Plage und Mühsal ein Wort schöner Überredung zu sagen: Auch wo du nichts siehst, kann ein Keim vollen und guten Lebens versteckt sein. Es kommt sein Frühlingstag, schön wie der Erstling der Tage, da steht Blüte an Blüte, wo nur Stein und Erde war. Und man gedenkt nicht mehr dessen, wie lange man nichts anderes sah!

Ist es wirklich unglaublich, daß Gott in das sonderbare Erdreich unseres geplagten Lebens einen Keim von Jugend und Licht und Freude heimlich verborgen habe? Ein verstohlenes Geschenk von noch nicht entdecktem Glanz? Und wenn er es uns schenkte, sollte er dann daran weniger Interesse haben als an den Vögeln des Himmels und den Blumen des Feldes, und nicht auch dieses hüten und immer wieder erneuern über alle Gefährdungen und Verdüsterungen unseres Lebens hinweg? Es ist das heilige Evangelium, das uns lehrt, dies zu glauben, es ist das erlösende Blut des Herrn, das es uns dafür als Unterpfand zeigt, aber es ist nicht ohne Bedeutung, daß es auch des Morgens Lichter und des Frühlings Glanz und der Jugend Freude zu Helfern herbeiruft seiner Rede. Vielleicht begreifen wir es dann doch einmal. Vielleicht schieben wir dann doch einmal die sperrenden Riegel hinweg in den Innenräumen unseres Herzens. Vielleicht wird unser Glaube dann doch einmal ein wenig mehr Fröhlichkeit bekommen und unsere Hoffnung ein wenig mehr Glanz.

Von der reinen Frömmigkeit

Wir Menschen haben die Gewohnheit – der moderne Rhythmus der Zeit verstärkt sie –, die verschiedenen Bereiche unseres Daseins säuberlich voneinander zu scheiden. Etwas anderes sind uns die Sachen unseres Berufes, etwas anderes unsere Familienangelegenheiten, und auch die Abteilungen für Sport oder für Reisen zum Beispiel bilden gewöhnlich getrennte Fächer im Haushalt unseres Daseins, die wenig miteinander zu tun haben.

Und die Frömmigkeit? Ist sie nicht auch in einem solchen abgetrennten Fach? Halten wir sie nicht leicht fern von mitmenschlichen Bereichen, in denen wir leben? Ja müssen wir dies nicht vielleicht tun? Es scheinen doch wirklich zwei ganz verschiedene Sachen zu sein: einmal, sein Herz zu Gott zu erheben, und dann: mit den Nebenmenschen sich zu befassen. Müssen wir im einen Fall nicht wirklich versuchen, alles andere, was vielleicht zwischen Gott und unserer Seele stehen könnte, draußen zu lassen? Muß es uns nicht darum gehen, nach einer »reinen« Frömmigkeit zu streben, die frei ist von fremden Zutaten und Beimischungen? Neben der Frömmigkeit aber, in einer anderen Abteilung unseres Lebenshaushaltes, da steht dann die Welt der Menschen, da stehen die Angehörigen, die Berufskollegen und dieses ganze tägliche mitmenschliche Getriebe von vielerlei Gesichtern und Gestalten um uns her, in dem wir uns fast ständig bewegen. Hier das eine, dort das andere. Scheidung der Bereiche scheint so natürlich und so einleuchtend, mag sie auch in concreto vielerlei Nuancen haben.

Zu dieser Sache aber lesen wir im Jakobusbrief einen merkwürdigen und eigentlich erstaunlichen Satz, der uns vielleicht doch eines Besseren belehren kann.

»Das ist reine und unbefleckte Frömmigkeit bei Gott dem Vater: sich kümmern um die Waisen und die Witwen in ihrer Bedrängnis, und sich unversehrt bewahren vor der Welt« (Jak 1,27). Es heißt in diesem Satze nicht: das Sichkümmern um die Waisen und Witwen gehöre zur Frömmigkeit dazu, als Konsequenz etwa. Sondern es heißt geradezu: das *sei* Frömmigkeit, und zwar: *reine Frömmigkeit.* Dachten wir nicht: Frömmigkeit, gar reine Frömmigkeit das sei: sich kümmern um Gott und sonst um nichts? Hier aber steht es gerade umgekehrt, wie es scheint.

Der Satz macht uns aufmerksam: wenn wir in seinem Lichte die Dinge christlich ansehen, dann gewahren wir, daß nach Gottes Offenbarung gerade die größten Wirklichkeiten, Gott und die Mitmenschen, nicht in getrennten und voneinander geschiedenen Fächern unterzubringen sind. Gott und die Mitmenschen, diese beiden großen Bereiche, sind christlich gewiß nicht zum Ineinander-Zerfließen gekommen. Aber das Trennende und Scheidende zwischen der einen und der anderen Seite, das ist eben doch aufgehoben durch den heiligen und erlösenden Tod des Herrn. Was fern war, ist nahe geworden, und der Herr hat uns einen offenen Zugang gewährt zum Vater. Und vom Vater her zu uns hin ist das Entsprechende geschehen. Um Jesu willen hat der Vater unser ihm einst so fernes Herz berührt und verwandelt und an sich gezogen und begabt mit seiner Gnade und seinem Heiligen Geist. Er will durch seinen Geist leben in unseren Herzen. Und leben auch in unserer Gemeinschaft. Wo zwei oder drei von uns in seinem Namen versammelt sind, da ist, nach seinem Wort, der Herr mitten unter uns. Über alles dies belehrt uns die Heilige Schrift mit deutlichen Worten. Gott will leben nicht bloß über uns, in der Ferne, sondern er will, um Jesu willen, leben unter uns und in uns. Nicht etwa nur im Sakrament, sondern in der lebendigen Gnade, die unser Herz erfüllt, im lebendigen Geist, der uns gewährt wird, im lebendigen Miteinanderleben der Kirche in der Einheit des Glaubens und der Liebe.

Weil es nach den Worten der heiligen Offenbarung so ist, darum will Gott nun auch nicht bloß so von uns geehrt sein, wie er über uns lebt. Zur *christlichen* Frömmigkeit gehört noch mehr. Es gehört dazu, daß auch der belebende Geist Gottes auf gemäße Weise geehrt werde, der aus dem Herzen des Vaters und um des Sohnes willen uns geschenkt wird. Gott will an jener Stelle, die einem jeden von uns ganz innerlich ist, von uns geehrt werden dadurch, daß wir mittun mit dem heimlich in uns lebenden und uns bedrängenden Geiste des Herrn. Wir sollen unser Herz entriegeln und frei machen für den gewiß fast unvernehmlich leisen und doch wirksamen Geist. Er regt sich in uns in den Antrieben, in der Lust, gut zu sein und sich zu kümmern um diesen oder jenen, in diesen lebendigen Bewegungen, die bisweilen, wir wissen nicht woher, in uns erwachen. Gottes Geist will leben in uns und nicht nur über uns. Und dazu will er, daß wir selber mittun. Denn wir sind ja schließlich keine Maschinen und werden also nicht bloß mechanisch getrieben oder gestoßen. Wir sind selbst lebendige Wesen, und so sind wir in unserer eigenen Lebendigkeit, in unserer Freiheit, unserer Intelligenz, unserer Urteils- und Tat- und Liebeskraft angerufen, mitzutun das Werk des Geistes Gottes in uns und *so* Gott zu ehren.

Die Weise aber des Geistes Gottes, die können wir immer noch am besten ablesen am Leben und am Sterben Jesu, des Sohnes des Vaters. Er war am meisten vom Geiste erfüllt und getrieben, und in ihm hat sich am klarsten, was des Geistes Gottes ist, offenbart. Er hat sich darin offenbart, daß Jesu ganzes Leben und vollends sein heiliges Sterben ein einziges liebendes Sichkümmern war um die Mitmenschen, und vor allem um die Last und um die Plage und um die Schuld der Mitmenschen. Der Geist hat sich gezeigt als ein Geist der Liebe, und zwar der Liebe in dieser besonders konkreten und eben spezifisch christlichen Gestalt. Vom Geiste Jesu, und das heißt vom Geiste dieser sich um die Mitmenschen helfend kümmernden Liebe, ist, wie Paulus uns sagt, auch in unser Herz etwas ausgegossen. »Die Liebe Gottes ist ausgegossen in unsere Herzen durch den Heiligen Geist, der uns gegeben ist« (Röm 5, 5).

Wo wir also diesem Geiste unsere Kräfte leihen, wo wir uns um die Waisen und Witwen kümmern und um die auf andere Arten Bedrängten und Vereinsamten und Geplagten unter unseren Mitmenschen, im Kreise unserer Familie oder unseres Berufes oder unserer Gesellschaft: da ehren wir Gott. Und da ist der Herr dann auch bereit, uns in unseren

Mitmenschen zu begegnen, denen wir unseren gewiß immer gebrechlichen, so doch guten Willen zuwenden. In dem schönen Gerichtsgleichnis im 25. Kapitel bei Matthäus ist uns dies mit aller Deutlichkeit gesagt.

Wir brauchen darum unser Herz nicht zu teilen, und wir dürfen es gar nicht. Wir brauchen mit unseren Augen nicht zu schielen. Wir brauchen nicht halb auf unseren Mitmenschen zu blicken, wenn wir ihm einen Schritt weit helfen wollen, und halb auf Gott, den wir damit ehren wollen. Wenn wir es so machten, dann hätten wir beides nur halb gemacht und darum gewiß nicht gut, und es wäre weder das eine noch das andere eine *reine* Frömmigkeit. Wir haben vielmehr unser Herz nur einfach dem hilfsbedürftigen Nachbarn zu öffnen und uns um ihn und seine Bedürfnisse zu kümmern. Wir haben es dann nicht nötig, nebenher und extra noch an Gott zu denken. Eben dieses, was der Jakobusbrief das Sichkümmern um die Witwen und Waisen nennt, das ist ja schon durch sich selbst reiner Gottesdienst und reine Frömmigkeit. Gott ist schon dabei, auch wenn wir gar nicht eigens seinen Namen nennen. Er lebt ja dann in uns, und er begegnet uns dann im Antlitz unseres Bruders. Und so will er geehrt sein. Aber natürlich heißt dies, recht und christlich verstanden, nun auf der anderen Seite aber auch nicht, daß der andere Gottesdienst etwa überflüssig sei, der, bei dem wir uns mit unseren ausdrücklichen Gedanken und Worten Gott zuwenden. Wir bedürfen auch dieser anderen Form der Frömmigkeit und des Gottesdienstes, und der Herr hat sie uns gewährt und geboten zugleich zu unserem Heil. Wir brauchen das Gebet zum Vater im Himmel, dieses Ausatmen unseres Herzens in ihn, den Vater, hinein, dieses Einatmen seines Geistes in uns hinein. Wir brauchen die Mitfeier der heiligen Eucharistie, die Stärkung durch die Gemeinde, die Erneuerung durch das Sakrament.

Mit Nachdruck erinnert uns der Jakobusbrief: reiner, zu seinem klaren und lichten Wesen durchgeklärter Gottesdienst ist unser Gebet und unsere Meßfeier erst dann, wenn wir, von Gottes Gabe genährt und erneuert, den Geist Gottes *in uns* ehren und ihm die Kräfte unseres Lebens weihen. Rein und erfüllt ist der Gottesdienst erst, wenn wir uns auch kümmern um die Waisen und um die Witwen und um all die Menschen, die uns in ähnlicher Verfassung nahe sind. Erst darin wächst die christliche Frömmigkeit in ihre Reinheit, in ihre Fülle, in ihren Glanz, in ihre Wirklichkeit empor. Und in solcher konkreten Wirklichkeit will der Herr immer neu auferstehen und lebendig sein mitten unter uns!

Fürbitten

Vater: unbegreiflicher, leiser – großer Gott.

Du hast von dem Bund gesprochen, den du geschlossen hast in den verschiedensten Gaben, die du geben wolltest.

Wir bitten dich: Laß jeden von uns verstehen seine Gaben, und laß sie fruchtbar werden.

Hilf, daß wir, mit unterschiedlichen Gaben begabt, lernen, einander besser zu verstehen und besser einander beizustehen.

Hilf, daß wir ein paar Schritte vorwärts machen zum Wachstum einer wirklich brüderlichen Gemeinschaft unter allen Menschen.

Gib, daß immer wieder der Streit überwunden werde und immer wieder der Friede wachse auf Erden.

Und führe uns alle, wie wir auch seien und welche Gaben und Lasten wir auch tragen mögen, schließlich zu deinem verborgenen Reich.

Vater! Allmächtiger Gott! Bewahrheite dein Wort! Erneuere den Bund! Laß etwas davon wirklich werden und spürbar unter uns. Amen.

Vom Sinn und vom Segen der Armut

Begegnen wir einem armen Menschen, blicken wir auf sein von der Armut gezeichnetes Antlitz, schauen wir auf sein Gewand, sein Heim, sein Hauswesen und was sonst dazu gehört, so können wir uns ungeachtet des Mitleids und der Hilfsbereitschaft, die wir wohl im Herzen tragen, eines tiefen Befremdens kaum erwehren. Dieses Befremden gehört zu den ursprünglichsten menschlichen Empfindungen der Armut gegenüber, und wir wollen es uns nicht verhehlen. Wir fühlen uns wie gewarnt vor dem getrübten und verderbten Menschenbild, das uns im Armen anblickt, und es scheint etwas Kaltes und Fremdes da unser Herz zu berühren. Gewiß, wir haben es vielleicht durch Gewöhnung und vielleicht auch auf andere Weise soweit gebracht, die Stimme solcher Empfindungen nur noch leise zu vernehmen und über sie wie über etwas Unwesentliches hinwegzugehen. Aber das scheinbar Unwesentliche behauptet sich doch. Wenn seine Stimme in unserem Herzen vielleicht leise und schattenhaft wurde, könnte es nicht auch daher kommen, daß sie aus einer großen Tiefe heraufspricht?

Es wird gut sein, dieser leisen und fremden Stimme der Armut unser widerstrebendes Ohr zu leihen. Was ist es eigentlich, was uns warnt und befremdet angesichts der Armut? Das ist die Frage, die unsere Gedanken leiten soll.

Liegt das Befremden nicht daran: Der Arme erinnert uns daran, daß das menschliche Herz überhaupt und ganz im allgemeinen und damit also auch unser eigenes Herz arm ist und der Minderung, der Trübung und Verwirrung preisgegeben. Es erinnert uns der Arme immer wieder an das, was wir vor uns selber nie recht wahr haben wollen und was wir uns stets bemühten, zu verhüllen, zu vergessen und zu übersehen: daß auch wir selber arm sind. Die Situation des Armen ist nur von der Armut überhaupt her, in der wir alle stehen, menschlich verständlich.

Es gibt ja viele Gestalten der Armut, es braucht nicht gerade die Armut an äußeren Lebensgütern zu sein. Auch dort, wo es uns gelungen ist, uns in den reichlichen und geordneten Besitz der Lebensgüter zu bringen und wo es dann infolgedessen aussieht, als könne unser Leben nun inmitten dieser Güter mit beruhigender Sicherheit in die Zukunft schreiten, da bleibt als bitterer und oft verborgener Bodensatz alles Besitzes und aller scheinbaren Sicherheit doch die Sorge zurück, die alles wieder in Frage stellt. Die Sorge entspringt dem nie ganz zu beruhigenden Gewissen, daß all diese scheinbare Sicherheit und Beständigkeit im Grunde ganz und gar unsicher und unbeständig ist und da wir also unser Leben auf einen Boden und Grund zu stellen suchten, welcher schwankend und vergänglich ist und eines Tages uns entzogen sein wird. Wohl geben wir uns den Anschein, diese Unsicherheit bannen zu können durch unsere Kraft und Tüchtigkeit. Aber bei alledem wissen wir sehr wohl um unsere letzte Ohnmacht. Große Schicksale und harte Zeiten, wie sie der Krieg über uns brachte, enthüllen uns oft in einer einzigen Stunde den armen und ohnmächtigen Grund unseres scheinbar wohlhabenden und gesicherten Daseins. Es ist schon die Situation des Menschen überhaupt, arm zu sein.

Es wäre dazu auch noch von unserer sittlichen Armut zu reden. Ohne jene innerste Würde und Kraft, die aus dem Ethos entspringt, vermögen wir doch schlechterdings nicht zu leben. Aber gerade diese ursprünglichste und menschlichste Würde, wer vermöchte sie ganz aufrecht zu erhalten? Sind wir nicht alle schuldig geworden, ist nicht überall etwas faul im Gemeinwesen unseres Herzens, ist einer unter uns, der ganz so gut, so edel und so mutig wäre, wie er sein sollte und wie er sich auch vor sich und anderen den Anschein gibt, zu sein? Es hat sich doch noch keiner gefunden, der mit ganz gutem Gewissen den Stein auf die Ehebrecherin zu werfen vermocht hätte, von der das Evangelium berichtet. An jedem Menschen zehrt diese Art von Armut an der inwendigsten und empfindlichsten Stelle des Herzens. Auch die scheinbar Sicheren und Tugendstolzen wissen es am Ende doch, was sie mit ihrer so eifrig festgehaltenen Sicherheit verbergen vor sich selbst.

Die tiefste und demütigendste Armut aber wird die sein, daß wir alle sterben müssen und nichts dagegen tun können. Es soll gewiß nicht bestritten werden, daß ein reiner und erhabener Schein das Sterben eines Menschen zu umleuchten vermag. Aber dieses Licht hebt niemals die Tatsache auf, daß der Tod uns sehr erbarmungswürdig, daß er uns sehr klein macht, uns preisgibt und entblößt. In ihm werden alle Arten der Armut, die vorher und immer schon unser Leben verborgen durchwirkten, die sorgende Unsicherheit und die sittliche Not und was es sonst noch sein mag, zusammengefaßt, enthüllt und zu letzter Schärfe und Bitterkeit gebracht.

Mit alledem ist nicht bestritten, daß das, was es auf Erden an Besitz, an Macht, an Ordnung und an Würde gibt, nicht seinen Sinn, sein Recht, sein Gewicht und seinen Ort haben könnte. Aber es ist gesagt, daß all dieses, so wie es nun einmal mit uns Menschen steht, vor der innerlichsten Urstimme des menschlichen Herzens nie ganz zu bestehen vermag. Die Armut, tief genug verstanden, ist das innerste Problem und die innerste Sorge des Menschen überhaupt.

Aber noch viel tiefer gehört es zum Wesen des Menschen, daß er nicht und nie arm sein will. Es ist sozusagen das Leben selber, welches gegen die Armut jeder Form einen niemals verstummenden Protest erhebt. Es darf nicht so sein und es ist nicht in Ordnung, daß der Mensch arm sei und ohnmächtig, unsicher und preisgegeben, gemindert und getrübt. Das Leben selber würde verlöschen, wenn dieser Protest einmal verstummte auf Erden, und wenn der Mensch sich je mit seiner Armut einfach zufrieden geben könnte.

Und darum muß auch gegen die Armut etwas getan werden, dies gehört zu den elementarsten Imperativen unseres Daseins. Der Mensch muß tüchtig sein, muß arbeiten und planen, sich durchsetzen und sein Leben ausbauen, er muß um den Adel der sittlichen Würde unablässig ringen und selbst dem Tod muß er den Kampf ansagen. Davon leben alle Menschen: von dem durch nichts ablösbaren Bemühen, der überall drohenden Armut nach Kräften Herr zu werden.

Das Erschütternde des menschlichen Daseins ist jedoch dieses, daß all diese tausendförmigen Bemühungen, so sehr sie notwendig und von der höchsten Pflicht geheiligt sind, doch die menschliche Armut in keinem Punkt grundsätzlich aufzuheben vermögen. Wohl wird ihr Bereich täglich eingeengt, etwa dadurch, daß der Mensch immer besser das drohende Chaos der Elemente zu meistern und seinen Besitz und seine Ordnungen vor ihm zu sichern versteht, daß er der unheimlichen Macht mancher Krankheiten und Seuchen Gelände abgewinnt usw. Aber das Unheimliche dabei ist, daß die eigentliche Armut des Menschen durch all diese unbezweifelbaren Erfolge doch gerade im entscheidenden Punkt keineswegs gemindert werden konnte: es bleibt die Unsicherheit und Vergänglichkeit, die Ohnmacht und der Tod, und es bleibt auch die sittliche Not mit ihrem unerträglichen Verlust an Würde. Es ist wie ein Zauber: die Armut des Menschen verliert Tag für Tag an Gelände und doch bleibt sie immer ganz. So notwendig und so unermeßlich segensreich alle Bemühungen ihr gegenüber sind, so vergeblich sind sie zugleich, wenn sie von einem letzten Gesichtspunkte aus betrachtet werden. Die Armut behauptet sich als die Signatur alles Menschlichen, sie folgt dem Menschen nach wie der Schatten und das böse Gewissen. Die Situation ist deswegen unheimlich, weil wir Menschen ja trotz alledem, der tiefen Stimme des Lebens selber folgend, uns niemals mit der Armut zufrieden geben können noch dürfen, und so der Protest und Widerstand gegen sie niemals in uns erlischt und verglimmt, mag dies alles auch im Letzten noch so sehr zu einer tiefen Vergeblichkeit verurteilt sein.

Aus der Not dieser Situation muß man es verstehen, wenn der von der Tiefe seines Daseins her beunruhigte Mensch auf merkwürdige Weisen der Flucht und Abwehr verfällt, mit welchen er sich trotz alledem gegen die Not des Armseins zu schützen sucht. Da es einen wirklichen Ausweg aus dieser Not innerhalb des menschlichen Bereichs nicht gibt und der Mensch im Grund auch ganz gut darum weiß, so gab er sich seit jeher daran, in dieser Sache sein eigenes Herz zu betrügen, die Augen krampfhaft vor der Wirklichkeit zu schließen und sich und anderen vorzusagen, es sei gar nicht so schlimm mit der Armut und Ohnmacht des Menschen. Er erfindet vielerlei Theorien, um sich selbst zu beweisen, wie tüchtig und stark er sei, und wie alles, was es vielleicht an Untüchtigem und Armem im Leben gebe, nur eben als Ausschuß und Abfall im menschlichen Lebensgetriebe vorkomme und nicht ernstlich ins Gewicht falle. Oder er stürzt sich in eine rastlose Betriebsamkeit, um die Wohlfahrt zu fördern, aber gerade die Rastlosigkeit macht es verdächtig, ob es sich dabei wirklich nur um ein reines und einfaches Helfenwollen handle. Steckt nicht oft der mit der eigenen Unruhe sich trügerisch beruhigende Versuch dahinter, die Bilder der menschlichen Armut und Ohnmacht und des Todes soweit von sich hinweg zu schieben, als es geht, aus dem äußeren und mehr noch aus dem inneren Horizont des Daseins hinaus: es darf in der Nähe und Gegenwart seines Herzens und seines Lebenswillens solches einfach nicht geben! Sein wirtschaftliches Dasein umgibt der Mensch in gleicherweise verdächtiger Geschäftigkeit mit Sicherungen über Sicherungen, nur um zu seiner Seele sagen zu können: Nun iß und trink und laß dir's wohl sein! Und mit einem oft erstaunlichen Aufwand innerer Kraft gibt er sich vor allem vor sich selber, aber auch vor der öffentlichen Welt das Aussehen eines in der Tugend durchaus gesicherten und wohlgefestigten Menschen.

Wenn es aber ganz schlimm steht und alles nichts mehr helfen will, dann verfällt der Mensch nicht selten auf ein letztes, verzweifeltes und in seiner grotesken Kühnheit tief erschütterndes Mittel, um noch einmal sein Herz vor diesem unerträglichen Angesicht der menschlichen Not zu schützen: Er lügt die Armut, die Kleinheit und die menschliche Schwäche, wenn er sie schon nicht mehr zu verhüllen vermag, zu positiven Werten um und versucht, nachdem er diesen so tief befremdlichen Dingen doch einmal nicht ganz aus dem Wege gehen konnte, ihnen mit verzweifelter Gebärde den Glanz des eigentlichen, vollen, tugendhaften menschlichen Daseins umzuhängen. Es ist das Phänomen, welches wir das Ressentiment zu nennen gewohnt sind. Es ist ein letzter Versuch, dem armen menschlichen Herzen noch einmal einzureden, es sei doch vielleicht nicht eigentlich von Armut und Armseligkeit, sondern von Güte und Demut und milder Tugend angefüllt. Diese hundertfältigen Gestalten der Flucht und der Abwehr sind das Allgemeinste und Gewöhnlichste, was es unter Menschen gibt, obwohl nicht wenige von ihnen in einem scharfen und ausdrücklichen Gegensatz zu anderen stehen. Man darf auch nicht verkennen, daß unermeßlich viel Wahres und Notwendiges in diesem merkwürdigen und täuschenden Betriebe der Menschheit mit darin steckt. Es ist ja fast immer die Wahrheit, welcher sozusagen die Kosten der Illusion aufgebürdet werden. Es ist deswegen auch unmöglich und brächte viel Unrecht und Schaden mit sich, wollte man all das zum Heil und zur Ordnung bringen dadurch, daß man diese Bemühungen einfach im Ganzen lahm zu legen sucht. Es würde mit dem Unkraut zu viel Weizen mitausgerissen. Nur soviel ist sicher: dieses ganze Getriebe steigt aus einer einzigen, tief im Innersten des Menschenherzens verborgenen Wurzel und Quelle: Es ist Flucht vor dem Unfliehbaren, Abwendung von dem Unabwendlichen und ein Versteckspiel vor dem Allgegenwärtigen, vor der Armut, der Unsicherheit und der Not des menschlichen Herzens. In der Hast und Schärfe, in der gejagten Unrast und entzündeten Vehemenz vieler dieser Bemühungen offenbart sich nicht selten ihr tieferer und verborgenerer Atem.

Und daher bekommt nun auch jenes Befremden seinen tiefsten und menschlichsten Sinn, welches uns befällt, wenn uns ein sichtbar und greifbar armer Mensch begegnet. Also einer, bei dem die allgemeine menschliche Armut nach außen gedrungen ist, in den offenbaren Bereich des wirtschaftlichen und sozialen Daseins. Ein solcher armer Mensch tastet schon einfach durch sein Dasein und Aussehen die notwendigste und allgemeinste Illusion der menschlichen Gesellschaft an, indem er ganz einfach zu seinem Teile sehen läßt, was der Mensch ist und sein kann. Was nie sichtbar werden sollte, was wir selbst noch in der Stille des eigenen Herzens mit erfinderischer Sorge verhüllen und bedecken, das steht in ihm einfach ohne Hülle sichtbar da. So seid ihr, so ist der Mensch, sagt der Arme. Mit seinem einfachen, nicht wegzuleugnenden Dasein erschüttert er den ganzen Babelturm der menschlichen Illusion. Und dies ist gewiß der brennend notwendige, wenn auch bittere und unbequeme Dienst, welchen er der menschlichen Gesellschaft leisten muß. Denn das Leben auf der Welt scheint so geordnet zu sein, daß die Illusion bei all ihrer Großartigkeit und Allgemeinheit doch nie die bittere Wahrheit ganz zu verdecken und zu überwältigen vermag, ihre Vorposten, die Armen, halten die Stellung. Hat man diese Dinge einmal durchschaut und von einem guten Engel den Mut empfangen, seine Armut und Ohnmacht auf sich zu nehmen und an sich kommen zu lassen, dann wird man auch den äußerlich Armen anders begegnen können. Jene befremdliche und unsichtbare Scheidewand wird sich in das bittere und reine Licht der Wahrheit aufgelöst haben. Und dieses Licht der Wahrheit wird es zugleich verhindern, daß darin das Gefühl für menschlichen Rang und menschliche Rangunterschiede irgendwo verschoben würde. Es wird die echte Möglichkeit entstehen, dem Armen als Armer unter Armen zu begegnen. Man wird sich mit ihm, ohne daß etwas an echten Unterschieden verwischt würde, doch im tiefsten Grunde als Bruder oder Schwester auf dem gleichen Boden finden und ihm die Hand reichen als einem Kameraden und Vorposten eines allgemeinen und dunklen menschlichen Geschicks, das freilich bei jedem von uns eine andere Gestalt annimmt. Die an sich bittere Situation wird von dem stillen, tiefen und erleuchtenden Humor des Dahintergekommenseins umleuchtet sein, welcher vor nichts Menschlichem mehr auszuweichen braucht.

Darüber aber wird der Stern der Hoffnung stehen, welcher freilich nur von einer Höhe sein Licht zu spenden vermag, welche oberhalb des Menschlichen und aller seiner Armut liegt.

An der Spitze der Botschaft Jesu stehen die Worte: Selig ihr Armen; denn euer ist das Reich Gottes! (Lk 6,20). Und in der Synagoge von Nazareth, »als aller Augen auf Jesus gerichtet waren«, las der Herr wie einen Vorspruch seiner ganzen Sendung die Stelle aus Isaias 61,1: »Der Geist des Herrn hat mich gesalbt, den Armen die Frohbotschaft zu bringen« (Lk 6, 20). Man kann diesen Klang und diese Tonart durch das ganze Evangelium hin verfolgen. Es kommt in ihm ein innerstes Anliegen der Botschaft Jesu zum Ausdruck. Um was geht es hier?

Von der Botschaft Jesu wird der arme Mensch gerade in seiner Armut angerufen, in jenem allgemeinen Zustand der Armut und Ohnmacht, in welchen alle menschliche Größe eingetaucht ist. Es geht hier gewiß nicht darum, daß eine soziale Schicht, die der Armen, gegen eine andere höher gestellte vorgezogen werden sollte. Es geht nicht um eine soziale Reform, um eine Aufwertung des dritten oder vierten Standes oder etwas Ähnliches. Wer irgend daran zweifeln wollte, der muß sich von den tief erschütternden ersten Kapiteln des Römerbriefs eines besseren belehren lassen: Es geht um den Menschen überhaupt, und die Worte von der Armut treffen jenen Zustand, in den alle verwickelt sind, und den doch niemand wahrhaben möchte. Sie zielen geradewegs hindurch durch die tausendfältigen Schleier der Illusion, die der arme Mensch seit jeher um sein Herz gelegt hat, sie zielen hindurch bis auf jenen schlichten und kargen Boden des Herzens, wo der Mensch so klein ist wie er eigentlich und schließlich ist. Es wohnt in ihnen ein Realismus ohnegleichen.

Warum aber soll der arme Mensch in seiner Armut selig sein? Die Antwort des Evangeliums ist deutlich und genau genug. Die Armut wird nicht um der Armut willen selig gepriesen, es liegt nicht eine krankhafte Liebe zum Schwachen vor oder etwas Ähnliches, sondern sie wird selig gepriesen um des Reiches Gottes willen und damit also um des Reichtums und um der Macht Gottes willen. Vom Reich sprechen die acht Seligkeiten, vom Reich spricht Lukas 6, 20. Und überall, wo von der Armut die Rede ist, erhebt sich dahinter das Reich. Bei

Lukas 6, 24 sind der Botschaft von der Seligkeit der Armen noch Drohungen beigefügt: »Wehe euch ihr Reichen, wehe euch ihr Satten!« Wehe denen, die in ihren Reichtum und ihre Macht Heil und Hoffnung gesetzt haben und die irdischen Illusionen verabsolutieren! Wie wird dies verfallen vor der Offenbarung des Reichs! Wie kaum etwas sonst, zeigt diese triumphale Drohung, daß die Frohbotschaft der Armen nicht aus einem kleinen und schwachen Gemüte kommt. Sie ist vielmehr von großer, ja herrischer Struktur, denn dahinter steht der Ernst des Reichs und des Gerichts mit seiner übermenschlich drohenden und leuchtenden Gewalt.

Ist der Mensch erst einmal zu seiner eigensten Armut zurückgerufen, dann vermag er die irdischen Mächte und Sicherungen nicht mehr als schlechthin tragende anzusehen. Aber indem ihm das Reich der Menschen so versinkt, kündigt sich mit der gewaltigen Gelassenheit des Evangeliums die Nähe des Reichs Gottes an. Denn dieses steht auf der Macht und Größe Gottes allein, und nicht auf irgendeiner Gestalt der armen menschlichen Macht und Größe. Und so wird vor ihm die menschliche Armut oder auch der Schein des menschlichen Reichtums bedeutungslos, und es gehört zum Triumph seiner Macht, daß es von der Kleinheit des menschlichen Herzens und Lebens nicht eingeschränkt und gehindert werden kann. Darum kann vor der Botschaft des Reiches Gottes und vor ihr allein auch der Arme selig sein.

Verborgen und doch alles tragend, frohlockend und werbend schwingt im Ruf vom Reich Gottes und in der Botschaft von der Seligkeit der Armen der Klang der Liebe Gottes, der es gefallen hat, die Menschen anzurufen gerade da, wo die natürlichen Voraussetzungen am meisten zu fehlen schienen. »Ja Vater, so war es wohlgefällig vor Dir« (Mt 11, 26). Die Liebe, die sich hier in Jesus offenbart, ist nichts Schwärmerisches, die menschlichen Ordnungen und Rangstufen Verwischendes. Es ist im Evangelium deutlich genug, daß die Liebe, von der hier gesprochen wird, schmerzlich hellsichtig ist für die natürliche Unliebenswürdigkeit, für die Brüchigkeit und Armseligkeit alles Menschlichen. Aber gerade diesem gegenüber entfaltet sie ihre wunderbare und überlegene Kraft.

Die Botschaft von der Seligkeit der Armen und vom Anbruch des Reichs Gottes über der menschlichen Armut hat ihre alles tragende und entscheidende Wirklichkeit erhalten durch das Kreuz und den heiligen Tod des Herrn. Dort werden die Dinge, um die es geht, bis in ihre erschütterndste Tiefe enthüllt. Dort sammelt sich die allgemeine menschliche Armut in ihrer wahrsten und täuschungslosesten und darum befremdlichsten Gestalt in einem einzigen Herzen, dem des Herrn. Er hat sie aufgenommen und zu seiner Sache gemacht und durchgetragen bis zum äußersten Ende der Ohnmacht, der Erniedrigung und Entblößung und jener dunklen und unheimlichen Brutalität, von der das Evangelium berichtet. Am tiefsten war die Armut dieses heiligen Todes dadurch, daß Jesus darin hindurchdrang bis an die Wurzel aller Armut, die Schuld. Mit der Schuld der Menschheit, mit dieser dunkelsten und bösesten Last beladen, hat er sich in voller Bereitschaft seinem himmlischen Vater ausgeliefert. Hier wurde unser aller Armut ganz enthüllt und in das ihr so ungewohnte Licht der Wahrheit gebracht.

Aber hier ist darum auch der eigentliche Ort, an welchem die menschliche Armut, Ohnmacht und Not verwandelt und die Seligkeit der Armen und das Reich Gottes grundgelegt wird durch die unausdenkbare Kraft der Liebe. Indem der Herr sich seinem Vater im Tod hingab, um dessen heiliger Majestät ganz und ohne Vorbehalt Raum zu geben über dem Haupt der schuldigen und darum armen Menschheit, zerbrach alles menschliche Scheinreich und damit all jene trügerische und täuschende Scheinmacht und aller Scheinreichtum, in welchem sich der Mensch seit jeher gegen die Wahrheit seiner selbst und gegen Gott zu verbauen suchte. Der immer schon nur scheinbar feste, in Wirklichkeit aber gänzlich brüchige Boden schwand vollends dahin und wurde dahingegeben, aber dafür wird nun ein neuer Boden, Grund und Ursprung des menschlichen Lebens sichtbar: der Wille Gottes, das Recht, die Macht und die Liebe Gottes. Der unendliche tragende, truglose Lebensstrom strömt wie durch zerbrochene Dämme herein, und das Reich Gottes faßt Wurzel und Grund inmitten des armen menschlichen Geschlechts. Jesus als Haupt und Herr der armen Menschheit, in welchem deren ganze Armut sich gesammelt hat, wird umfangen und aufgefangen vom Reichtum und von der Liebe des Vaters und von dem Glanz und Reichtum jenes Reichs, das nicht auf menschlicher Kraft gegründet ist. Darin ist die Seligkeit aller Armen grundgelegt.

Hier ging es um unser aller Armut, und darum sollen wir alle, die wir Brüder und Schwestern in der Armut sind, an diesem Vorgang teilhaben und uns um das Zeichen des heiligen Kreuzes scharen. Wir sind durch die Taufe in die Gemeinschaft mit dem Tod Jesu eingetreten, und in der Feier der heiligen Eucharistie vereinigen wir uns immer aufs neue mit diesem Geheimnis und übernehmen so das Kreuz als das Grundgesetz unseres Lebens.

Jeder, der in der Kirche steht, muß darum seinerseits seinen Teil an der menschlichen Armut annehmen, wie Jesus unser aller Armut angenommen und zum Heil gebracht hat. Er muß zu allererst dem geraden und scheinbar schonungslosen Realismus der Botschaft von der Armut Raum geben, er muß vor seine eigene Armut kommen, sich zu ihr bekennen und um seine Heillosigkeit wissen. Er muß einmal die Nebelwoge des Trugs zerreißen und zerreißen lassen, und sich eingestanden haben, wie es eigentlich um ihn steht. Es ist der Mut zur wirklichen Lage, der zuerst verlangt ist und mit dem alle Rettung anfängt. Die Güter der Welt bleiben dabei durchaus in ihrem Wert und in ihrer Ordnung. Aber zugleich soll ihr Trug durchschaut werden. Wir sollen sie mit Dank gebrauchen und ohne Zorn entbehren können nach Gottes Willen, und darin immer unser Herz offenhalten für das Tiefere und Höhere, für das Reich Gottes. So soll gerade das Gegenteil geschehen von jener großen, verzweifelten und ohnmächtigen Flucht vor der Armut, die dem Menschen so natürlich erscheint. Dies ist der Anfang aller Umkehr und alles Heils.

Darin liegt zugleich etwas unermeßlich Befreiendes: Hier wird der Mensch endlich der alten endlosen Qual enthoben, immer sich um eine Maske seiner Schwäche bemühen zu müssen, immer mehr scheinen zu müssen als er eigentlich ist, arm und armselig. Denn gerade so, wie er nie sein möchte und doch immer ist, gerade so wird er von der Botschaft des Kreuzes zum Heil gerufen.

Weiter aber sollen wir lernen, die Not der offenbar gewordenen Armut, die zunächst ja durchaus eine Not bleibt, als unseren Teil am heiligen Kreuz des Herrn gläubig zu begreifen.

Im Glauben soll sie der Weg werden, auf dem wir uns mit Jesus der Herrlichkeit des Reichs Gottes nahen. Denn das Kreuz des Herrn ist auch für uns die Brücke, die vom einen zum anderen führt: vom Offenbarwerden und Zerbrechen des irdischen zum Aufleuchten des göttlichen Reichs.

Freilich ist hienieden immer erst die eine Seite der Dinge sichtbar, die Not und das Dunkel der Armut. Ihr Segen aber und ihre Seligkeit, das neue Leben und das Reich, dies ist noch ganz verborgen. Es scheint, als stehe es mit der Armut auf Erden nicht besser, als es immer stand. Die ihr eröffnete Seligkeit ist nur im Glauben zugänglich, in der gläubigen Gemeinschaft mit dem Gekreuzigten und Auferstandenen, aber noch nicht in der Offenheit eines fraglosen Besitzes. Und so haben wir mit unserem Anteil am Kreuz Jesu zwar ein Unterpfand der Seligkeit des Reichs, aber dies liegt noch unter dem Siegel des Glaubens und der Geduld.

Man wird es hoffentlich nicht besonders zu sagen brauchen, daß wir durch diese Dinge niemals und nirgends von dem kräftigen Bemühen dispensiert sind, unserer Armut nach besten eigenen Kräften Herr zu werden. Das Kreuz darf keine Ausflucht sein für Untüchtige und Träge. Aber dort, wo all dies so nötige Bemühen in seine immerwährende verborgene Vergeblichkeit mündet, steht der Glaube an das Kreuz und die Hoffnung auf das Reich, das uns im Kreuz verheißen und eröffnet ist.

Aus all diesem fließen mancherlei Dinge, äußere und innere im Leben der Kirche. Etwa dieses, daß wir uns nicht scheuen sollen, unserer inneren Gemeinschaft mit dem Kreuz und der Armut des Herrn auch eine äußere Gestalt und konkrete Verwirklichung zu verleihen in dem Maß, als dies uns möglich und gegeben ist. Dies ist der Sinn aller Abtötung, und aus dieser Wurzel erwuchsen auch die Evangelischen Räte und der Stand der dem Herrn geweihten Armut, das ist der Ordensstand. In ihm soll, was sonst verborgen in der ganzen Kirche lebt, sichtbar werden zu einem Zeichen für alle. Auch soll in der Kirche jenes Gesetz immer neu ergriffen und innerlich angenommen werden, welches ihr ein besonders sichtbares und fühlbares Maß von menschlicher Armut und Not zuweist. Denn immer muß sie ja die kleine Herde sein (Lk 12, 32), immer gleicht sie den Schafen unter den Wölfen (Mt 10, 16), »von allen Seiten bedroht, doch nicht erdrückt, in Verlegenheit, doch nicht in Verzweiflung, verfolgt, doch nicht verlassen, zu Boden geworfen, doch nicht vernichtet. Denn ständig tragen wir das Todesleiden Jesu an unserem Leibe herum, damit auch das Leben Jesu an unserem Leibe offenbar werde« (2 Kor 4, 8 ff).

Auch auf jene unter uns, die wir im gewöhnlichen und alltäglichen Sinne die Armen nennen, fällt von diesem Gedanken her ein ehrwürdiges und großes Licht. Die sichtbar Armen, Kranken und Gebrochenen sind der Kirche immer teuer gewesen, um ihrer sichtbaren Ähnlichkeit mit der Armut unseres Herrn willen. Das ist ein ganz objektiver Vorzug, der mit der persönlichen Würdigkeit der Armen zunächst noch nicht viel zu tun hat.

Was wir mit dem Kreuz des Herrn Gezeichneten und Versiegelten aber schließlich vor allem tun sollen, ist dieses: auch den Heiligen Geist der Kreuzesarmut Jesu in unser Herz aufzunehmen (Hebr 9, 14), den Geist der Liebe, mit welchem der Herr seiner, d. h. aber unser aller Armut, Sinn und Fülle und Reichtum verliehen hat. In ihr durchbricht der Reichtum des Reichs jetzt schon das Dunkel dieser armen Welt. »Liebet einander, wie ich euch geliebt habe« (Jo 15, 12). »Seid so gesinnt, wie Christus Jesus« (Phil 2, 5). Etwas Stilles und Unermeßliches ist da von uns verlangt. Alles Kreuz und alle inwendige

Not mit Jesus hinzugeben an den Vater, rein und frei. Und in der Gemeinschaft mit den in der Armut ja so sehr mit uns verbundenen Mitmenschen etwas von dieser Liebe sichtbar werden zu lassen. Nicht weil wir das körperliche oder geistige Armsein als solches liebten. Die Armut der Armen besteht ja gerade darin, daß sie nicht liebenswürdig ist. Das Gefühl dafür soll in uns nie stumpf und taub werden. Aber wie der Herr uns liebte, da wir Sünder waren, so sollten auch wir im Herrn es vermögen, den armen Mitbruder zu lieben, weil der Herr uns teilnehmen ließ an jener innersten und göttlichen Freiheit des Reichs, welche über alle Unwürdigkeit und überhaupt über alle menschlichen Grenzen einfach hinwegzugehen vermag.

Von der echten Liebe geht jene lösende und erlösende, verwandelnde und erneuernde Kraft aus, welche das Herz des armen Menschen und seine innerste Not berührt und die Welt von innen her erneuert. Wo der Arme sich inmitten seiner Armut geliebt findet, da ist allein schon die Tatsache, geliebt zu sein, ein Licht. Der Arme wird sich selber wieder wert, weil es einem gefiel und einer reich und frei genug war, ihn inmitten seiner Armut der Liebe für wert zu finden. In der Liebe begegnet ihm eine ursprünglich waltende Macht höheren Ursprungs, die Macht des Reiches Gottes, die auch an seiner

Armut keine absolute Grenze hat. Und so ist die Liebe, die unter uns Christen lebt und wirkt, das eigentliche Licht und das echteste Zeichen der verwandelnden und verklärenden Kraft des Reichs Gottes in dieser immer noch vorläufigen und dunklen Welt.

Dem Licht, das durch die Liebe unter uns lebt, ist es darum auch verheißen, uns hin- und heimzuleuchten durch dieses Dunkel in den Reichtum und den großen Glanz des vollendeten Reichs Gottes, von dem die letzten Blätter der Schrift erzählen, in jenes große Überströmen, in das alle echte Armut schließlich münden soll durch die Gnade des heiligen Kreuzes. Am Ende der neutestamentlichen Botschaft steht ja nicht die Armut, sondern der Reichtum, nicht die Schwachheit, sondern die Kraft, nicht die Armseligkeit, sondern die Fülle, aber Reichtum, Kraft und Fülle von Gott her, und nicht von armen Menschen her. So wird Reich Gottes sein und damit Gericht und Triumph über alles widergöttliche menschliche Scheinwerk und Scheinreich und all seinen großartigen und hoffnungslosen Trug. Erst in den Visionen der Geheimen Offenbarung bekommen die Seligpreisungen der Bergpredigt über die Armen ihren letzten und höchsten Glanz.

Einstweilen aber möchte uns der Herr durch alle unsere Wege und Schicksale hin zu der rechten, uns gemäßen Armut befreien und unser irdisch armes Lieben erleuchten mit seinem Licht, damit über der Armut des Menschen nicht der Trug walte, sondern die Wahrheit, und in der Wahrheit die beseligende Macht des Reichs: die Liebe des Herrn.

Fürbitten

Herr unser Gott. Du unsere verborgene und einzige Zuflucht. Wir bitten dich!

Wecke und stärke unser Vertrauen auf dich an guten und schweren Tagen!

Und für alle Enttäuschten und Mutlosen und Verängstigten: Laß neu erwachen in ihnen Glauben und Mut, Freude und Zuversicht.

Und gibt uns allen ein wenig Weisheit und Hochherzigkeit in unserem täglichen Beruf, im Umgang mit den irdischen Gaben auf unserem täglichen Weg.

Und für alle, die arm sind, die hungern und weinen: Gib ihnen Freunde! Gib wirksamen Beistand, gib den Mut, der aus dem Vertrauen kommt.

Und für die Christen in aller Welt: daß sie lernen arm zu sein im Geiste und reich im Glauben und in der Liebe.

Himmlischer Vater, bleibe in uns und über uns, an hellen Tagen, an dunklen Tagen. Laß leuchten dein Angesicht über Kleine und Große, über Reiche und Arme, über Lebende und Tote, über uns alle.

Schenken verwandelt

Schenken: Es sieht so aus, als passe das gar nicht in unsere Welt hinein. Verdienen paßt hinein und leisten und fordern. Schenken aber – so sieht es aus – ist ganz unnütz.

In der Tat: mit Nutzen hat es eigentlich nichts zu tun. Aber sollten wir nicht manchmal aus der Ordnung des Nutzens und des Leistens und des Forderns herausspringen, frei und fröhlich?

Vielleicht ist uns schon einmal ein Schenken geglückt. Wenn es geglückt ist, war es etwas ganz anderes als Pflicht und Arbeit und auch etwas anderes als bloße Konvention. War es nicht so, daß wir mit dem geglückten Schenken wie in eine neue Ordnung eingetreten sind, eine ganz andere und eine viel menschlichere und schönere als die so nützlichen Ordnungen, in denen wir uns sonst den ganzen Tag bewegen?

Vielleicht waren es nur ein paar Blumen oder ein Spielzeug oder eine Flasche Wein. Vielleicht war es nur etwas so Schlichtes wie Gehör – man hat nichts Schlechtes geschenkt, wenn man jemandem Gehör geschenkt hat. Schöne und bisweilen auch nützliche Sachen, in denen sich das Schenken verdichtete und konzentrierte.

Aber die Sache, die wir das Geschenk nennen, macht das für sich allein noch nicht. Sondern dieses, daß die Sache zu einem Schenken gehört, dieses macht die Sache zu einem Geschenk. Auch wenn man etwas Nützliches schenkt, z. B. Geld, dann ist doch das Wichtige dabei, daß es in ein Schenken gehöre und also ein Geschenk sei. Dadurch kommt es in eine neue Ordnung. Das Schenken, das die neue Ordnung stiftet, ist etwas, was zwischen mir und dir geschieht. Es ist eine lebendige Schwingung zwischen lebendigen Personen und Menschen. Darum kann man niemandem etwas schenken, dem man nicht wirklich wohlgesinnt ist.

Zum Schenken gehört weiter, daß einer, indem er sich selbst ins Spiel bringt und aufs Spiel setzt, sein Du oder seinen Partner selbst im Auge hat. Er hat also nicht möglichen Nutzen oder Ertrag im Auge, sondern einfach dieses Du in seiner Kostbarkeit und seinem Geheimnis, die durch keinen Nutzen aufzuwägen sind. Darum gehört der heitere und ruhige Blick dazu, der vom Schenkenden weg und zum Beschenkten hingeht.

Der Schenkende öffnet sich auf sein Du hin, und indem er ihm etwas schenkt, schenkt er ihm auch auf eine sonderbare Weise ihn selbst. Es ist als ob seine offenen Hände und sein ruhig blickendes Auge sagten: Sei der du bist, ich gönne dich dir; sei also frei und fröhlich, so gut es geht, der du bist; denn ich selber sage frei und fröhlich ja zu dir; das sagen auch die Blumen und das sagt der Wein und das sagt sogar das Geld, wenn es wirklich geschenkt wird: ich gönne dich dir. So wirst du eigentlich mit dir selbst beschenkt. Du bekommst es durch das Beschenktwerden noch einmal und auf eine schönere und freudigere Art zu spüren, was das heißt: daß du du selber bist. Und du bist vielleicht betroffen, vielleicht verwirrt. Manchmal wird es für dich sein wie eine kleine neue Geburt: ich bin da, ich darf da sein, denn es ist einer gekommen und hat es mir gegönnt, er hat mich beschenkt.

Darin glänzt Freude. Du wirst damit beschenkt, freudig du selber zu sein. Und auch in mir, dem Schenkenden schwingt das Freudige. Schwingend gehört es zugleich dir und mir, wir beide sind freudig.

Dazu gehört auch noch dieses: Für den, der sein Herz öffnet und sich verschenkt, indem er etwas verschenkt, gilt: er muß auch schauen, daß seine schenkende Geste, sein schenkendes Herz auch ankommen, angenommen und aufgenommen werden von dem beschenkten Partner. Denn schenken kann man nicht allein. Es muß dem Schenkenden auch vom Beschenkten her etwas geschenkt werden, was er nicht in seiner Hand hat und auf was er also warten muß: das freie Annehmen des Schenkens, das freudige Eingehen des Partners darauf, der antwortende Blick des Dankes. Darum ist im Blick des Schenkenden auch eine wartende Behutsamkeit. Rechtes Schenken überfährt den Beschenkten nicht. Es wartet behutsam, daß er frei darauf eingehe und antworte. Das ist die Gabe, die der Beschenkte an den Schenker zurückreicht. Erst von dieser Antwort und Gabe her gelingt das Schenken ganz und wirklich. Es kommt im Dank zurück zum Schenkenden, und so schließt sich der schöne Ring von ich und du. Es ist wie ein Zwiegesang: beide müssen aufeinander achten und beide schenken einander die Fülle des Gesanges, in dem das Freudige schwingt.

Im Blick darauf darf man wohl sagen: Erst schenken macht die Welt menschlich und es läßt auf dem trockenen Boden des Nutzens Blumen blühen.

Erst schenken macht sie auch ein wenig göttlich. Gott hat uns auf eine schöne und freie Art mit uns selbst beschenkt. Und als wir uns verloren hatten, hat er uns in Jesus noch einmal neu beschenkt, und er will es wieder tun, wenn wir uns wieder verlieren. Gnade d. h. Geschenk heißt darum das Grundwort der Ordnung Gottes von Anfang an und immer wieder neu.

Wir sollten manchmal daran denken. Und wir sollten uns manchmal frei und bereit machen dafür, daß Gottes Ordnung, die Ordnung des Schenkens, durchbreche und durchblühe durch diese unsere dürftige Welt und unsere alltägliche Ordnung.

Gebe Gott, daß uns solches Schenken manchmal gelinge.

Unbegreiflicher Gott,
allesverströmende Fülle,
Liebe ohne Maß!
Du hast deines eigenen Sohnes nicht geschont,
sondern ihn für uns alle hingegeben.
Wie solltest du uns mit ihm nicht alles schenken?
(nach Röm 8, 32).

Der Christ als Zeuge

»Ihr sollt mir Zeugen sein«, so lesen wir als Auftrag des Herrn in der Heiligen Schrift.

Aber was ist das, Zeuge sein, wie macht man das? Wie macht man das insbesondere unter den heutigen Umständen und in einer Welt, die im allgemeinen wenig Interesse am Glauben hat und mit der christlichen Botschaft oft nichts Rechtes anzufangen weiß?

Grenzen wir zunächst ab. Zeuge sein im Sinne der Heiligen Schrift ist nicht bloß dies, bei Gericht einen Tatbestand als Zeuge aufklären. Das kann gewiß dazugehören, aber die Heilige Schrift meint noch mehr.

Zeuge sein in unserem Sinne verlangt von uns auch noch mehr als nur das richtige Aufsagen der Worte der Heiligen Schrift oder der Lehre der Kirche. Auch dies gehört gewiß oft dazu, aber es genügt für sich allein noch nicht.

Zum Zeugen in dem hier gemeinten Sinn gehört vor allem und grundlegend, daß sich der Glaubende mit seiner Person und mit seinem ganzen Leben und Leiden und dem ganzen Stil seines Daseins identifiziert mit der biblischen Botschaft und auch identifiziert mit dem Herrn, so daß man es ihm ansehen könnte: Der ist ein Christ, mit dem ganzen Einsatz seines Lebens. Dies sollte so deutlich sein, daß es unter Umständen gar nicht der ausdrücklichen Worte bedarf, sondern nur der deutlichen Weise des christlichen Lebens. Der Zeuge muß sein Zeugnis *beleben* in Glaube, Hoffnung und Liebe und im Geiste des Herrn und in der ständigen Bereitschaft, Nachfolger des Herrn zu sein.

Das ist nicht immer so einfach. Es erfordert oft sehr viel Einsatz von Treue und seelischer Kraft, auch unter schwierigen äußeren oder inneren Umständen. Und es erfordert insbesondere die Bereitschaft, auch das Kreuz des Herrn auf sich zu nehmen, in welcher Gestalt es auch uns auferlegt werden mag.

So haben die Apostel, wie uns die Bibel unterrichtet, das Zeugnis verstanden.

So war, um an ein anderes Beispiel zu erinnern, der heilige Franz von Assisi ein Zeuge, der radikal ernstgemacht hat mit der Nachfolge Jesu, und der sich bis aufs Äußerste mit dem Herrn identifizierte. Dadurch wurde er der große Zeuge, der durch sein Zeugnis die Kirche erneuerte und über die Grenzen der Kirche und der Zeiten hinaus den Sachverhalt des Evangeliums zu neuem Glanz brachte.

So waren die Märtyrer Zeugen des Herrn. Das griechische Wort martys heißt der Zeuge. Sie haben sich mit dem Einsatz ihres Lebens identifiziert mit dem Herrn und waren so im höchsten Sinn Zeugen.

Darum sagt *Tertullian:* Sanguis martyrum semen christianorum, das Blut der Märtyrer ist der Same der Christen.

Gewiß können wir solche Beispiele nicht einfach kopieren. Es hat jeder Christ seine Gabe und muß auf seine Weise versuchen, Zeuge des Herrn zu sein. Aber die Beispiele wie auch andere, die man noch nennen könnte, sind doch etwas wie Signale, die uns an den Ernst der Zeugenschaft erinnern. Wenn ein lebendiger Mensch in diesem Sinne in der Weise seines Lebens das Wort und die Botschaft, die er verkündet, auslegt und sichtbar und spürbar macht, da wird er mit dieser Botschaft glaubwürdig erscheinen, auch inmitten einer verdunkelten Welt.

Gelebte Einheit des Zeugen mit seinen Mitmenschen

Diese Sache hat aber noch eine andere Seite. Wir haben sie schon berührt. Aber es wird gut sein, wenn wir noch eigens darauf eingehen. Nämlich diese: Das Zeugnis sollte ja Zeugnis sein *für jemand*, es sollte die Leute, die mit uns leben, angehen und betreffen, also nicht im Leeren bleiben. Der Zeuge ist Zeuge des Herrn *für die anderen.* Sein Zeugnis sollte sie betreffen und verwandeln. In dieser Hinsicht sind die Schwierigkeiten unter den heutigen Verhältnissen besonders groß. Wer läßt sich schon betreffen von einer solchen Sache, wie dem Evangelium? Einer Sache, die gar nicht in unsere Welt zu passen scheint!

In dieser Hinsicht erfordert das Zeugnis vom Zeugen, daß er sich mit seinen Mitmenschen, mit seinen möglichen Adressaten identifiziert, zu denen er gesendet ist. Auch das ist nicht leicht. Es erfordert vom Zeugen eine Gemeinsamkeit des Lebens mit denen, für die er Zeuge sein will. Denn nur aus solcher Gemeinsamkeit kann er ihre Weise des Lebens erkennen und in der Sprache zum Ausdruck bringen. Nur so kann sein Zeugnis den Raum finden, in dem es ankommen kann.

Betrachten wir diese Seite der Sache unter den

Umständen der heutigen Welt, dann werden wir schnell erkennen, daß zwischen dem Zeugnis, wie es gewöhnlich erscheint, und dem Adressaten des Zeugnisses sich eine erhebliche Sprachbarriere aufgebaut hat. Die Botschaft, die wir als Zeugen zu verkünden und zu vertreten haben, wird für die Zuhörer wie eine fremde Sprache klingen, von der sie nichts verstehen.

Wie kann der Zeuge dieses Hindernis überwinden? Er muß zuerst seine Partner wirklich verstehen lernen. Und diese möglichst nicht nur in dem, was sie nach außen zeigen und nach außen sagen, sondern mehr noch in dem, was dahinter steckt an geheimen Wünschen und Ängsten. In jenem Untergrund irgendwo könnte am ehesten die Stelle sein, wo der Partner verwundbar ist für den wunderbaren Pfeil des Evangeliums.

Und dann muß auf die mögliche Sprache geachtet werden, auf jene nämlich, in der der Zeuge sein Zeugnis seinem Partner zugänglich macht. Er muß herausfinden, welche Worte für seinen Partner möglich und welche unmöglich sind, welche Worte gehen und welche nicht gehen.

Das hat Jesus schon so gemacht. Er hat Gleichnisse erzählt, die mitten aus dem Leben seiner Zuhörer genommen waren. Diese waren größtenteils Fischer oder Viehhirten, und aus diesem Kreis kommen zu einem großen Teil die Gleichnisreden des Herrn.

So hat es auf andere Weise Paulus gemacht, z. B. in seiner Rede auf dem Areopag in Athen. Er hat an einen konkreten Umstand im Leben seiner Zuhörer angeknüpft, nämlich an die Verehrung des unbekannten Gottes. Und so waren sie von vorneherein aufmerksam auf das, was dieser Mann zu sagen hatte.

So hat es auch Augustin gemacht. Das kann man besonders schön im Buch der Bekenntnisse erkennen und auch in seinen Predigten. Diese sind uns ja zum Glück großenteils erhalten. Da finden wir sehr deutlich die Sprache des Gebildeten seiner Zeit. Da finden wir die damals hochaktuellen neuplatonischen Gedankengänge und Formeln, genährt freilich und erfüllt von der Leidenschaft eines glaubenden und liebenden Herzens. Das kam an.

Nun ist unsere Lebenswelt aber weder die Lebenswelt der Zeitgenossen Jesu noch die Lebenswelt des Paulus oder des Augustin. Alles hat sich gewandelt. Also gilt es für uns, die Botschaft des Herrn, wie sie in den biblischen Büchern überliefert und in der Überlieferung der Kirche weitergegeben wurde, in unsere Lebenswelt zu übersetzen, ohne jedoch ihren Geist und ihre Substanz zu verändern. Dies ist immer eine schwierige und auch heikle Aufgabe. Aber sie ist zugleich unerläßlich dafür, daß das Zeugnis wirklich überzeugender sein kann für die Zeitgenossen, an die es gerichtet ist.

Skizzieren wir wenigstens in Andeutungen ein paar Beispiele solcher, wie mir scheint, notwendiger Übersetzungen.

So ist zum Beispiel das Wort »Sünde« für unsere Zeitgenossen praktisch zu einem kaum verständlichen Fremdwort geworden. Die Leute wissen zwar, soweit sie bisweilen die Worte der Bibel lesen und hören, daß dieses Wort dort häufig gebraucht wird. Aber was ist das eigentlich, so werden sich die Leute fragen, in unserem praktischen Leben? Das Wort berührt nur selten unter heutigen Umständen einen praktisch relevanten Lebensnerv. Also könnten wir versuchen, es zu ersetzen durch Wörter wie »das Böse«, um dafür dann möglichst konkrete Beispiele zu geben.

Und dann die häufig in der Bibel vorkommenden Dämonen: Die Leute werden denken, das gibt es ja gar nicht, jedenfalls heutzutage nicht. Aber könnten wir nicht von individuellen oder kollektiven Zwangsneurosen sprechen, die wie böse Mächte zuweilen über den Menschen kommen? Dann wird die Sache gleich aktuell.

Oder nennen wir ein ganz einfaches Beispiel, das ich persönlich einmal mit überraschendem Erfolg ausprobiert habe. In der Bibel ist einige Male von Steinigungen die Rede. Das gibt es bei uns nicht. Wohl aber gibt es Leute, die mit Steinen schmeißen, um Schaufenster zu zertrümmern oder sich Polizisten vom Hals zu halten. Das gibt es wohl heutzutage. Und die Sache kann durch eine solche verhältnismäßig einfache sprachliche Umwendung auf einmal höchst aktuell werden.

Auch das Wort »Gnade« ist beinahe ein Fremdwort für uns geworden. Aber wenn wir davon sprechen, daß man einander gut sei und einander, wenn etwas zwischen uns ist, wieder verzeihen kann und daß es vielleicht mit dem Geheimnis Gottes auch so ist: dann geht es gleich viel besser.

Vollends ist die Rede vom Himmelreich, vom Reich Gottes, in unserer Welt reichlich abstrakt. Da könnten wir versuchen, davon zu sprechen, daß es etwas Geheimnisvolles gibt, das unser Leben lenkt, wir nennen es Gott, und dieses Geheimnis soll uns alle glücklich machen und alles Böse und Häßliche von uns nehmen und allen Streit wieder in Ordnung bringen. Das kann dann vielleicht ankommen.

Dies sind Versuche, die Sprache der Heiligen Schrift und die Lehre der Glaubensgemeinschaft zu übersetzen in unsere Lebenswelt. Sie sind als Anregungen gedacht. Jeder, der als Christ mit anderen brüderlich und schwesterlich zusammenlebt, kann noch mehr und noch bessere Beispiele erfinden. Es ist am besten, wenn sie spontan im Gespräch entspringen oder aus einem vollen Herzen kommen. Diese Sache, darauf sei noch besonders hingewiesen, wird noch erschwert dadurch, daß durchaus nicht alle unsere Partner in der gleichen Lebenswelt leben, und die gleichen Sprachgewohnheiten haben. Die Jungen leben und sprechen anders als die Älteren, in einer ländlichen Gegend wird anders gelebt und gesprochen als in einer städtischen Umgebung. Akademiker leben und sprechen anders als einfache und wenig ausgebildete Arbeiter, Fortschrittliche haben ein anderes Vokabular als Konservative usw. Was sollen wir da machen? Jesus hatte es da schon einfacher und wohl auch Paulus und Augustin. Außerdem gilt es für uns heutzutage, behutsam zu sein und auf die jeweiligen Unterschiede von Lebenswelten und Sprachgewohnheiten unserer Partner zu achten. Dann aber mutig die Sprache des Zeugnisses zu wagen mitten in der vielfältigen und komplizierten Welt, die unsere Welt ist.

Zeugnis und Liebe

Die eigentliche Seele der Kunst, die rechte Sprache des Zeugnisses zu finden, ist die lebendige, brüderliche und schwesterliche Liebe, jene Liebe, die bereit ist, mit jedem ein Stück weit zu gehen und seine Last und Sorge ein Stück weit mitzutragen. Die Sprache der Liebe, die wirklich Liebe ist, wird immer verstanden werden und wird immer etwas ausstrahlen. Sie kann dem Sprechenden neue Weisen der Rede eingeben und ihn auf die rechte Stunde aufmerksam machen, in der das Zeugnis die Chance hat, anzukommen und den Hörenden vielleicht zu treffen und zu verwandeln.

Das können wir von dem jüdischen Denker Franz *Rosenzweig* lernen, der so eindrucksvoll davon sprach, wie die rechte Rede des Anderen und der rechten Zeit bedarf.

Ein solches Zeugnis, das aus vollem Herzen gesprochen wird, wird sein Ziel kaum verfehlen. Und vergessen wir nicht: Alles das wird zum geringsten unser eigenes Werk sein und am meisten das Werk dessen, der uns von oben her bisweilen erleuchtet. Darum gehört zum rechten christlichen Zeugen auch das Gebet zum Vater der Lichter, von dem jede gute Gabe kommt. Er wird sie dem Bittenden nicht versagen.

Das also ist der Christ als Zeuge der Frohbotschaft. Fassen wir zusammen: Er ist ein Glaubender, der über alle Bedenklichkeiten hinweg frei ist aus der Kraft und der Gnade des Glaubens. Und der aus dieser inneren Fülle heraus die Menschen um ihn liebt und darum auch versteht. Und der opferbereit mit ihnen geht und auf sie eingeht, und dann aus dieser Haltung heraus das Wort des Evangeliums auslegt, so, daß es als Wort Gottes erwacht in den Herzen der Mitmenschen, als ein lebendiges und darum auch wieder lebenweckendes Wort.

Gedanken zum Vaterunser

Vater unser im Himmel!

Großer, verborgener, geheimnisvoller Gott!
Sei nicht fern von uns!
Sei täglich bei uns und mit uns!

Geheiligt werde dein Name!

Heilige Du, o Herr, selber Deinen Namen unter uns!
Laß leuchten Dein Licht!
Laß uns spüren Deinen heiligen und heiligmachenden Geist in unserem täglichen Leben!

Dein Reich komme!

Ja, laß es kommen!
Laß es jetzt schon Wirkung haben für uns dürftige Menschen!
Laß Deine Gabe des Friedens und der Liebe wachsen und alles Trennende überwinden!

Dein Wille geschehe, wie im Himmel so auf Erden!

Ja, mache hell Deinen Willen in unserem Herzen. Und laß dieses Dein helles Licht mächtiger sein unter uns als das täuschende Gerede und den billigen Markt der Meinungen.

Unser tägliches Brot gibt uns heute!
Vergiß nicht die Hungernden und das Brot, das sie brauchen!
Erleuchte auch die Reichen, die Mächtigen und die Wissenden,
daß sie willens werden, Armut und Hunger zu überwinden auf dieser Erde
und allen Brot zu geben zur Nahrung und Wein für die Freude!
Und vergib uns unsere Schuld, wie auch wir vergeben unseren Schuldigern!
Vergib uns unseren Egoismus!
Unsere Blindheit für die Not der anderen.
Und lehre uns Worte der Vergebung und der Versöhnung!
Und führe uns nicht in Versuchung, sondern erlöse uns von dem Bösen!
Befreie uns aus den Verwirrungen unserer eigensinnigen Interessen
und aus dem betäubenden Spiel der Kräfte des Hochmuts und der Herrschaft und der Angst, die in unserer Welt umgehen!
Denn Dein ist das Reich und die Kraft und die Herrlichkeit in Ewigkeit!
Du allein bist groß. Denn Dein ist das Reich.
Du allein kannst uns und die Welt erlösen und erneuern!

Wirke Dein versöhnendes Reich unter uns!
Entfalte Deine Kraft unter uns, denn Dein ist die Kraft, daß wir nicht schwach werden im Glauben und in der Liebe!
Und laß leuchten über uns Deine Herrlichkeit,
Denn Dein ist die Herrlichkeit,
daß wir Menschen ein wenig heller und ein wenig fröhlicher werden. Amen.

Über die Fraglichkeit des menschlichen Friedens und über die Verheißung des göttlichen Friedens

Im Folgenden soll ein Gedanke entwickelt werden über das, was wir Frieden nennen. Wir denken dabei am meisten an den Frieden unter Menschen.

Es soll zuerst darüber nachgedacht werden, was Friede für Menschen sei und wie dieser Zustand, den wir Frieden nennen, vom Menschen herbeigeführt und ins Werk gesetzt werden könne. Daraus wird eine eigentümliche Fraglichkeit des menschlichen Friedens hervorgehen. Von ihr ausgehend wollen wir nachher zusehen, was die Botschaft der christlichen Offenbarung zur Sache des Friedens zu sagen habe.

I

Was ist das, der Friede? Wir können auf diese Frage zuerst ganz allgemein antworten: Menschen sind im Frieden und können also zufrieden sein, wenn der Zustand, in dem sie sich befinden, übereinstimmt mit dem Zustand, den sie eigentlich wollen und erstreben. Anders ausgedrückt: wenn ihr Dasein in Wirklichkeit so ist, wie es von dem eigentlichen Wollen und Streben des Menschen her gesehen sein *sollte.* Darum gehört zu allem, was Friede genannt werden darf, ein Doppeltes: einmal ein eigentlich Erstrebtes; wir nennen es die *Idee* des Friedens. Und dann, daß die Wirklichkeit unseres Daseins mit diesem Erstrebten oder dieser Idee übereinstimme. Dies ist die Seite der *Wirklichkeit* des Friedens.

1. Denken wir zuerst über die Idee des Friedens nach. Was wollen und erstreben Menschen eigentlich von ihrem Dasein?

Sie wollen und erstreben alles Mögliche, Törichtes und Sinnvolles durcheinander. Aber gibt es in diesem Vielerlei nicht einen Grundzug, der sich überall bemerkbar macht, ein wesentliches Element, das allen Zufälligkeiten des menschlichen Strebens zugrunde liegt?

Menschen wollen immer, was sie auch sonst im einzelnen wollen und erstreben mögen, daß ihr Dasein glücklich sei, d. h. erfüllt und in seiner Erfülltheit sinnvoll. Darin scheint sich so etwas wie ein Grundzug allen menschlichen Strebens anzuzeigen, etwas, was nicht aus zufälligen Launen, sondern aus dem Wesen des Menschen kommt. Darum können Menschen auf das Glück nicht ganz verzichten, darum können sie nicht aufhören, darunter zu leiden, wenn ihr Dasein ihnen nicht mehr sinnvoll erscheint und wenn es ihnen keine Erfüllung mehr verspricht.

In Worten wie Glück, Sinn, Erfüllung deutet sich also das an, was wir die Idee des Friedens nennen.

Was gehört aber zum Glück, zur Erfüllung, zum Sinn und damit zu der Idee des Friedens? Wie kann sie näher, d. h. konkreter gekennzeichnet werden?

Es gehört mancherlei dazu. Wir wollen uns hier darauf beschränken, auf wenige, aber entscheidende Grundzüge hinzuweisen. Es gehört etwas Inwendiges dazu, es ist wie die Mitte des Friedens. Und es gehört etwas Auswendiges dazu, wir können es den Horizont des Friedens nennen.

Die innere Mitte der Idee des Friedens ist das *Recht.* Wir sprechen hier vom Recht im allgemeinsten und grundsätzlichsten Sinne dieses Wortes. Darum wollen Menschen immer recht haben, und sogar dort am meisten, wo sie es nicht haben. Und darum ist es für Menschen ein im Grunde unerträglicher Stachel, zu wissen, daß sie im Unrecht sind. Es mag sein, daß sie sonst mit ihrem Zustand und insbesondere mit ihrem Verhältnis zu ihren Mitmenschen ganz zufrieden sein könnten, und daß sie denken, es sei Friede im Kreise der Menschen, mit denen sie leben. Aber wenn sie wissen, daß dieser

Zustand nicht im Recht ist, so kämpft allein schon dieses Wissen als Ge-wissen gegen ihren Frieden und ihre Zu-friedenheit, und es ist kein ganzer, vielmehr ein beunruhigter und umkämpfter und damit jedenfalls geminderter Friede. Darum müssen solche Menschen ja auch ihr Recht kämpfend behaupten gegen ihr Gewissen und gegen die Mitwisser ihres Gewissens im Kreise ihrer Mitmenschen, die, in Konspiration mit der leisen inneren Stimme, es vielleicht laut sagen oder doch jedenfalls immer laut sagen können: du hast Unrecht mit deinem Frieden. Und das ist dann, wie wenn sie – auch darin in Konspiration mit dem Gewissen – sagten: dein Friede ist eigentlich ein nichtiger Friede, es ist nichts mit ihm. Denn er ist im Unrecht.

Daran sieht man deutlich, daß der Friede schlechterdings nicht Friede sein kann ohne Recht. Das Recht aber, und das, was es mir vielleicht schenkt: das reine Bewußtsein, im Recht zu sein, breitet für sich allein schon etwas wie Frieden im Menschen aus, und zwar auch dann, wenn die äußeren Umstände des Daseins unglücklich und friedlos sind. Darum darf man das Recht die Seele oder die Mitte alles wesentlichen menschlichen Friedens nennen.

Die Idee des Friedens, von der Mitte des Rechts getragen und belebt, breitet sich von dieser Mitte her aus in einem weiten Umkreis. Wir fragen jetzt nach diesem Umkreis oder nach dem *Horizont* des Friedens.

Der Umkreis der dem Menschen natürlichen Idee des Friedens ist *alles umfassend.* Man sieht das daran, daß Menschen eigentlich immer wollen und wünschen, alle anderen Menschen möchten mit ihnen übereinstimmen. Und vielleicht noch deutlicher daran, daß die Menschen sich immer dann betroffen und beunruhigt fühlen, wenn sie erfahren, daß irgendein Mensch, und sei es auch ein ferner, ihre Meinung oder ihr Recht oder ihr Glück bestreitet. Die Menschen können zwar, sofern sie sich stark fühlen, über so etwas lachen. Aber ganz recht ist es ihnen doch nicht, und noch in ihrem Lachen ist ein Streit, der nicht zum Frieden passen will.

Merkwürdig ist auch dieses: irgendein ferner Streit oder irgendein fernes Unrecht, von dem wir erfahren, auch wenn es uns selber gar nicht unmittelbar betrifft, läßt uns doch nicht ganz in Ruhe und darf uns nicht in Ruhe lassen. Dies wird freilich nur dann auffällig, wenn wir die Botschaft des fernen Unglücks wirklich zu uns sprechen lassen, und wenn wir uns zugleich der freilich nur leisen Stimme unseres Wesens öffnen. Aber dann zeigt sich: in der Sache des Friedens und der zu ihm gehörenden Erfüllung weiß sich eigentlich jeder Mensch mit jeglichem Mitmenschen solidarisch. Ich kann mit mir niemals ganz im Frieden sein, solange *irgendwo* auf der Welt Unfrieden ist. Es kann mir nicht gleich sein: der Friede irgendwo oder der Unfriede irgendwo. Die Idee meines Friedens, rein erfüllt, ist also die Idee des Friedens aller. Der Horizont der Idee des Friedens ist alles und alle umfassend.

Damit hängt es offenbar zusammen, daß, wo immer eine Friedensordnung durch politische Machtentfaltung unter Menschen ausgebreitet wird, die Tendenz wie von selber und wie aus der Natur des Menschen entspringend sich einstellt: die Ordnung dieses Friedens möglichst allumfassend aufzurichten, in sie möglichst alles und alle einzubeziehen, in jeden Machthohlraum einzudringen, jede Gegenmacht zu überwinden usw. An den Grenzen aber, an denen dies nicht mehr gelingt, muß jegliche derartige Friedensordnung aufs neue wieder unfriedlich werden und also kämpfend sich behaupten, mag dieser Kampf defensiver oder offensiver, kalter oder heißer Natur sein. Wo die allumfassende Tendenz an ihre Grenze kommt, kommt auch der Friede an die seine. Das klassische Beispiel dafür ist die Pax Romana des Augusteischen Zeitalters.

Man kann an alledem sehen, daß die Idee des Friedens, die aus dem Wesensgrund des Menschen aufsteigt und dessen Verhalten leitet, eine allumfassende Idee ist. Ihr ideeller Horizont ist grenzenlos.

Ja, man kann, diesen Zug noch weiter verfolgend, sogar fragen, ob dem allumfassend grenzenlosen Horizont der Idee des Friedens mit dieser Betrachtung schon Genüge getan sei. Wenn einmal alle tatsächlich lebenden Menschen in eine einheitliche Friedensordnung globaler Art einbezogen wären, hätten Menschen dann wirklich nichts mehr zu wünschen, hätten sie dann wirklich genug? Wäre ihr Wesen dann also wirklich und auch auf die Dauer erfüllt und zufrieden? Gewiß nicht. Denn der Mensch ist das Wesen, das im Grunde *immer* und also auch im höchsten Falle *je mehr* will, und das von den Triebkräften seines Wesens immer und auch in diesem Falle noch weiter getrieben wird. Darum wird der Mensch auch im größten tatsächlichen Umfassen nie ganz zufrieden sein.

Dies darf man als Indiz dafür nehmen, daß die Wesensidee des Menschen, alles umfassend, zugleich über alles hinausweist. Ihre Weisung weist den Menschen in das Un-endliche überhaupt, das Ewige, sie weist ihn auf Gott. Alles, was weniger ist, und wäre es auch noch soviel, läßt des Menschen Herz unruhig, weil unbefriedigt. Die Idee des Friedens weist über ihren allumfassenden Horizont ins ewige und unendliche Geheimnis.

Mit diesem Geheimnis war sie ja wohl auch schon heimlich im Bunde von ihrer Wesensmitte her, dem Recht. Denn dieses ist ja seiner eigensten Idee und seinem wesentlichsten Anspruche nach auch an den Sternen der Ewigkeit festgemacht, wie sehr es auch von den Menschen ins immer zweideutige Spiel ihrer Einfälle und Verfügungen genommen worden sein mag.

2. Die Idee des Friedens, in ihrem Kerne allumfassend und bis zum Ewigen reichend: wie kann sie Wirklichkeit werden unter Menschen und durch Menschen? Als *bloße* Idee wäre sie ja ein nichtiges Gedankenspiel. Aber sie ist offensichtlich mehr, und darum verlangt sie nach Wirklichkeit. Es geht dem Menschen nicht um den bloß gedachten, vielmehr um den wirklichen Frieden. So fragen wir nun nach den Bedingungen der *Wirklichkeit* des menschlichen Friedens.

Die grundlegende Bedingung für die Wirklichkeit und auch für die Verwirklichung des Friedens ist die Macht. Eine Friedensordnung, sei es im kleineren oder im größeren Kreise, kann nur wirklich sein, indem sie herrscht, und sie kann nur herrschen in Macht.

Macht, wieviel sie auch durch Mißbrauch verdächtig geworden sein mag, muß erkannt werden als elementare Grundbedingung alles wirklichen Daseins und damit auch und besonders des wirklichen Daseins des Friedens. Ein Mensch ist wirklich etwas insoweit, als er es vermag zu sein. Dieses Vermögen ist aber die Macht zu sein. Eine menschliche Gruppe, sei sie klein oder groß, ist wirklich etwas und bedeutet wirklich etwas, insofern sie den Raum ihres Seins und den ihrer Ansprüche mit Macht auszufüllen vermag. Wo umgekehrt die Macht schwindet, da schwindet auch die Wirklichkeit des öffentlichen Daseins, ja schließlich des Daseins überhaupt. Wohinter keine Macht steht, damit braucht nicht gerechnet zu werden, und es fällt aus dem Spiel des öffentlichen Daseins schnell aus. Und selbst in der relativen Bedeutungslosigkeit des bloß noch privaten Daseins geht es nicht ohne wenigstens ein geringes, doch wirksames Maß vitalen Vermögens, dazusein, und also nicht ohne ein Minimum von Macht.

Darum sagen wir, Macht sei die Grundbedingung des wirklichen Daseins überhaupt, des wirklichen öffentlichen Daseins aber im besonderen, und darum können wir auch sagen, die Macht sei die Grundbedingung des wirklichen Daseins des Friedens als des erfüllten menschlichen Daseins im Ganzen. Man braucht bei dem Ausdruck Macht, so wie wir ihn hier gebrauchen, nicht gleich etwas Wildes und Streitendes zu denken. Es gibt viele

Weisen der Macht, ihre reinsten und höchsten sind ganz ruhig und ohne Streit.

Wo darum ein Friedenszustand unter Menschen nicht von wirklicher Macht getragen ist, da ist er eigentlich nur zum Schein. Es fehlt ihm die Kraft der Wirklichkeit, und so muß er schnell zerfallen. Nur im Maße seiner Macht vermag das Menschenwesen sein persönliches und sein öffentliches Dasein zu erfüllen und zu befrieden, nur im Maße seiner Macht kann es die erfüllende Befriedung aufrechterhalten. Ohne Macht kann es nur über den Frieden reden, aber ihn nicht realisieren.

So zeigt sich von allen Seiten die Macht als die Bedingung der Wirklichkeit des Friedens.

Nimmt man diesen Gesichtspunkt der Macht zusammen mit dem bereits erwogenen allumfassenden Horizonte, welcher zu der wesentlichen Idee des Friedens gehört, so ergibt sich ein merkwürdiges Bild.

Es ergibt sich, daß es zur Natur des Menschen gehört, nach einem allumfassenden und im Allumfassenden befriedenden Zustand zu streben. Dies aber heißt jetzt: mit *Macht* nach dem Allumfassen zu streben und nach der Macht des Allumfassens zu streben. Die Idee, alles zu umfassen, wird die menschlichen Möglichkeiten der Macht in Bewegung setzen und befeuern, sich immer höher zu erheben und immer weiter auszubreiten. Die Idee des Friedens führt zu einer wachsenden Steigerung und Ausbreitung der Macht des Friedens.

Diese Steigerung und Ausbreitung in der Richtung auf ein Eins und Alles des Friedens in Macht muß aber notwendig in Schwierigkeiten geraten. Denn einerseits ist das Universale, also das Eins und Alles des Friedens unteilbar, und damit auch die Tendenz der sich ausbreitenden und erhebenden Macht: sie will mit niemandem teilen. Die Menschen aber sind geteilt und geeinzelt. Jeder ist ein Einzelner neben vielen anderen Einzelnen, und auch jede Gruppe, jeder Stamm, jedes Volk ist ein einzelnes Gebilde neben vielen anderen ähnlichen.

Darum ist es unter Menschen auf die Dauer nicht zu vermeiden, daß sich von vielen einzelnen Punkten gleichzeitig Tendenzen erheben, eine universale Ordnung mit universaler Macht zu realisieren. Diese geeinzelt sich erhebenden universalen Tendenzen und Ansprüche müssen notwendig untereinander zusammenstoßen und sich gegenseitig bestreiten. So entsteht eine grundsätzliche Konkurrenzsituation der Macht, welche im Gleichen auch eine Konkurrenzsituation des Friedens ist. Sie wird sichtbar, sobald die Sache des Friedens unter den Bedingungen der Realisierung des Friedens unter Menschen betrachtet wird.

Wo von vielen oder auch nur von mehreren einzelnen menschlichen Punkten aus sich die Tendenz erhebt, alles in Macht zu umfassen und darin den Frieden in die Wirklichkeit des Daseins zu führen, da wird es schlechterdings nicht vermeidlich sein, daß die Sache des Friedens zweideutig wird. Für den je Einzelnen handelt es sich um die Ausbreitung seines Rechtes und seiner Macht zum Zwecke seines Friedens. Da er aber damit notwendig auf die gleiche Tendenz bei seinem Partner stoßen wird, so wird es sich ergeben, daß sein Recht für seinen Partner als Unrecht erscheint, seine Macht als ungerechte Macht, sein Friede als der Unfriede des Anderen. Die geeinzelten, aber grundsätzlich universalen Tendenzen müssen sich gegenseitig in ihrem Recht, in ihrer Macht, in ihrem Frieden in die Quere kommen und sich bestreiten. Es entsteht die eigentümliche Perspektive, aus der heraus immer und von jedem Punkte her die je eigene Sache als die Sache des Friedens gilt und immer je die Sache der Anderen als die der Friedensstörer erscheint. Diese Perspektive, kraft derer sich Friede und Unfriede merkwürdig relativieren, wird sogar am intensivsten vorgetragen dort, wo offener Streit zur Herrschaft gekommen ist. Kämpfen zwei Parteien offen miteinander, dann sagt jede, sie kämpfe für den Frieden, und jede sagt auch, es sei die andere, die den Frieden störe.

Es ist von grundsätzlicher Bedeutung zu sehen, daß dieses überall, im Kleinen wie im Großen zu beobachtende Phänomen in der Wesenskonstitution des Menschen gründet. Es ist kein Zufall, und darum wird man es auch im Ganzen nicht abschaffen können. Man kann ja nicht abschaffen, daß alle Menschen und alle Menschengruppen Einzelne neben anderen Einzelnen sind. Und man kann es auch nicht abschaffen, daß jeder Einzelne alles und alle umfassen und einbeziehen möchte. Damit ist die Situation der Konkurrenz und der Rivalität des Friedens das Allgemeinste, was es unter Menschen gibt.

Aus dieser Situation folgt notwendig, daß der jeweils realisierte oder auch nur realisierbare Frieden unter Menschen niemals ein ganzer und vollständiger Friede sein kann, wie es doch die Idee des Friedens eigentlich erforderte. Damit im Zusammenhange wird sichtbar, daß der immer nur relativ mögliche Friede hinsichtlich seines Bestandes immer in einem labilen Zustande sein wird.

Es ist leicht einzusehen, und es entspricht durchaus der täglichen Erfahrung, daß in der grundsätzlichen Konkurrenz- und Rivalitätssituation der Friede nur durch Kompromiß realisierbar ist. Das heißt, es muß bei jedem realisierbaren Frieden auf Rechte, Ansprüche und Hoffnungen zum Teil verzichtet werden mit Rücksicht auf den Partner und die bestehende Machtsituation. Anders wird es gar nicht gehen. Ein solcher Friede des Kompromisses kann aber kein ganzer und vollständiger Friede sein. Er kann nie die vollen Dimensionen der Idee des Friedens erreichen, weil er nur gegen bestehende Rechte, Bedürfnisse oder Ansprüche (auf deren Durchsetzung ja verzichtet werden mußte) sich aufrecht hält, und also nur um den Preis eines Verzichts auf ideale Totalität. Daraus folgt sogleich das andere: ein solcher niemals totaler Friede wird notwendig ein labiler Friede sein müssen im Hinblick auf seinen Bestand. Er wird das einfach deswegen sein müssen, weil die Rechte, Bedürfnisse und Ansprüche, auf deren Durchsetzung verzichtet wurde, doch noch da sind, bereit, den bestehenden Zustand zu ändern oder gar umzustürzen, sobald die ständig sich verschiebenden Machtverhältnisse es erlauben.

Wegen dieser grundsätzlichen Begrenztheit und Labilität des unter Menschen realisierbaren Friedens kann dieser Friede immer nur wie eine Balance eine Zeitlang aufrechterhalten werden, und auch dies nur in dem Maße, als glückliche Umstände sich vereinen mit einem hohen Maß von Weisheit, Intelligenz und politischer Elastizität bei den verantwortlichen Menschen.

Die grundsätzliche Unvollendbarkeit und Labilität des menschlichen Friedens bedeutet aber nicht weniger als dieses: Menschen sind von sich aus eines wirklich *vollständigen* und eines wirklich *dauernden* Friedens überhaupt nicht fähig. Die ihnen möglichen Gestalten des Friedens können immer nur *Annäherung* sein an das, was man den idealen Frieden nennen dürfte, und auch diese möglichen Annäherungen können nie sehr lange bestehen. So muß der menschliche Friede immer in Frage stehen.

Diese grundsätzliche Fraglichkeit des menschlichen Friedens läßt sich scharf beleuchten durch ein Gedankenexperiment. Es lassen sich im Gedankenexperiment totale und dauernde Formen menschlichen Friedens entwerfen. Es zeigt sich aber bei näherem Zusehen, daß sich die Entwürfe selbst auflösen, und daß sie sich häufig sogar als Gestalten des höchsten Unfriedens enthüllen müssen.

Ein totaler und dauernder Friede kann theoretisch und experimentierend gedacht werden als ein Friede der totalen Macht oder als ein Friede der totalen Ohnmacht oder als ein Friede der totalen Freiheit von Macht und Ohnmacht, von Herrschaft und Knechtschaft.

Der Friede der totalen Macht würde darauf beruhen, daß durch die Totalität der Macht jeder Kampf gegen diese Macht und dadurch überhaupt jeder Kampf unmöglich geworden wäre. Die totale Herrschaft der Macht würde so zwar den Kampf unmöglich machen. Sie könnte aber niemals das *Bedürfnis* zum Kampf, und das heißt das Bedürfnis zur Freiheit in den Beherrschten, ganz und auf die Dauer vertilgen. Noch viel weniger könnte sie das *Recht,* das eines solchen Bedürfnisses Seele sein kann, vertilgen. Darum ist der Friede der totalen Herrschaft in Wirklichkeit ein Kampf gegen Freiheit und Recht und so gar kein wirklicher Friede, mag auch der Kampf eine ganze Weile nicht ins Offene treten können. Es ist in Wirklichkeit *nicht* Friede, sondern nur unterdrückter Kampf. Da aber die Machtverhältnisse unter Menschen sich nicht auf sehr lange Dauer stabilisieren lassen, so muß früher oder später die Zeit kommen, wo die unterdrückten Elemente des Kampfes, nämlich die Kräfte der Freiheit und des Rechtes, einen Weg finden, ins Offene auszubrechen. Dann bekommt das bisher nur schwelende, aber unterdrückte Feuer des Kampfes Luft und schlägt sofort zur offenen Flamme empor. Der scheinbare Friedenszustand der totalen Herrschaft löst sich auf, und er läßt darin nur ins Offene treten, daß er überhaupt kein Friedenszustand war im wesentlichen und totalen Sinn. Vielleicht war es sogar gerade der höchste Unfriede, weil das höchste Unrecht, und die Furcht der Tyrannen ist darum nicht ohne Grund.

Der Friede der totalen Ohnmacht, das Gegenstück zum Frieden der totalen Macht und zumeist auch seine notwendige Begleitung, kann auch nicht bestehen bleiben. Denn wenn alle Menschen so ohnmächtig und so gründlich unterworfen wären, daß sie gegen niemanden mehr aufzutreten vermöchten, dann entstünde freilich wiederum kein offener Kampf, und es herrschte Ruhe, das wäre der Schein des Friedens. Aber soweit die Unterworfenen und Ohnmächtigen überhaupt noch wirkliche Menschen sind, werden sich in ihnen notwendig wiederum Freiheiten, Rechte und freiheitliche Bedürfnisse einstellen und da und dort im Verborgenen anschwellen. Die im Verborgenen und auch im Zerstreuten da und dort sich regenden und anschwellenden Elemente geringer Macht werden sich früher oder später damit verbinden, die Wasser immer möglicher erscheinenden Widerstandes werden zusammenlaufen und steigen. Haben Sie erst einmal eine gewisse Schwelle überschritten, so wird der offene Aufstand der bisherigen Sklaven sich ereignen. Er wird sichtbar machen, daß die Ruhe der Ohnmacht kein Friede war, sondern gleichfalls nur ein verhinderter Kampf. Bricht der verhinderte Kampf ins Offene aus, so wird der Schein des Friedens vollends verschwinden. Auch die Unterdrückten sind zu fürchten, deswegen werden sie ja unterdrückt.

Wenn aber weder durch totale Herrschaft noch durch totale Knechtschaft ein ganzer und dauernder Friede sein kann: könnte er dann nicht vielleicht sein in einem ganz herrschaftslosen *und* knechtschaftslosen Raume? Ist die klassenlose Gesellschaft, die dann entstehen müßte, eine wirkliche Friedensmöglichkeit? Es wäre ein Zustand, in dem niemand Andere beherrscht und niemand von Anderen beherrscht wird und in dem die Liebe als die selbstlose Offenheit und Gemeinsamkeit von allen zu allen hin alle Bedürfnisse befriedigte und so den Frieden erhielte. Dazu muß aber gesagt werden, daß diese schöne Vorstellung eine offenbare Utopie ist. Versucht man sie auch nur von ferne und in Annäherung in die Wirklichkeit überzuführen, so muß auch sie sich sehr schnell zersetzen. Denn dann kann es nicht ausbleiben, daß in der Allgemeinsamkeit des klassenlosen Menschenwesens doch wieder einzelne Menschen sich über andere erheben, und daß daraus sich wieder Konkurrenzverhältnisse und Konkurrenzkämpfe zuerst im Stillen und dann im Lauten entwickeln. Diese werden dann sehr schnell die utopische Annäherung an den Frieden ohne Herrschaft und Knechtschaft zu Ende führen und auflösen.

Diese experimentierende Überlegung zeigt noch einmal, daß Friede unter Menschen und mit menschlichen Kräften erbracht immer nur relativer und angenäherter, aber nie totaler und idealer Friede sein kann, und daß sein zeitweiser Bestand immer nur labil und damit immer gefährdet und in Frage gestellt sein muß. Die Überlegung zeigt überdies, daß dort, wo die Relativität und Labilität des menschlichen Friedens verkannt wird und wo infolge dieser Verkennung Menschen versuchen, eine ideale, d. h. absolute und absolut beständige Herrschaft des Friedens aufzurichten, daß sie dort die schärfsten und umfassendsten Formen der Gewaltsamkeit ins Spiel bringen müssen. Denn sie müssen ja sozusagen gegen die Grenzen der menschlichen Natur kämpfen, und das geht nur mit äußerster Gewalt. Die Gewalt muß die Menschen aber in die Gefahr führen, gerade die schlimmsten Formen des Unfriedens, nämlich die des Unrechts, aufzurichten und damit die grausamsten Formen kämpferischer Auseinandersetzung zu provozieren. So gefährlich ist es, die Grenzen des Menschlichen anzutasten.

Darum darf man sogar sagen: der Friede unter Menschen muß um des Friedens willen in Frage bleiben. Denn wo der Mensch versucht, diese Fraglichkeit aufzuheben, wird der Unfriede nur noch größer.

3. Suchen wir aus diesen Überlegungen die

Folgerungen zu ziehen, so lassen sich diese in wenigen Sätzen zusammenfassen.

Der erste Satz muß etwa lauten: ein idealer, d. h. der Wesensidee des Friedens voll entsprechender Friede ist für Menschen nicht möglich. Dieser ernüchternde Satz folgt aus der Wesenskonstitution des Menschen, und er bestätigt sich in der Erfahrung.

Dem ist ein zweiter Satz hinzuzufügen: auf die Idee des Friedens ganz zu verzichten, ist dem Menschen auch nicht möglich. Denn die Idee des befriedeten, des ganz erfüllten Daseins entspringt dem unverlierbaren Wesen des Menschen, sie bildet die antreibende Kraft seines ganzen Lebens und Strebens. Sie wird sich also immer wieder neu erheben, und auch nach allen Enttäuschungen und Ernüchterungen wieder sich geltend machen. In diesem Sinne ist der Friede für Menschen unverzichtbar.

Daraus folgt ein dritter Satz: Wenn der Friede als ganzer, d. h. als idealer zugleich unmöglich und unverzichtbar ist, so muß der Mensch unaufhörlich auf *begrenzte* Gestalten möglichen Friedens hinarbeiten und sich auf sie zubewegen, um überhaupt etwas vom Frieden zu haben, auf den er doch nicht verzichten kann, denn der ideale Friede bleibt ihm entzogen.

Aus diesem dritten Satze folgt der vierte: alle

mögliche Gestalten des Friedens können immer nur Annäherungen an die Idee des Friedens sein. Sie erreichen diese Idee niemals ganz. Sie können als asymptotische Bewegungen auf diese hin verstanden werden. Der durch Menschen verwirklichbare Friede ist nie ganzer und nie ganz beständiger Friede. Er ist in allen möglichen Formen seiner Realisierung immer und immer wieder neu in Frage gestellt und immer wieder neu zu gewinnen.

Es bleibt also, was den Frieden angeht, für Menschen immer etwas zu wünschen übrig und immer auch etwas zu fürchten und freilich immer auch etwas zu hoffen. Dies ist die grundsätzliche Fraglichkeit des menschlichen Friedens.

II

Wenn der Friede für Menschen immer in Frage gestellter Friede ist, und wenn er für sie immer eine noch offene und immer neu sich öffnende Aufgabe bleibt, dann müssen wir schließlich fragen, an wen die Frage des Friedens zu richten und von wem die Kraft zur Lösung der Aufgabe zu erwarten sei.

Als Christen denken wir dabei zuerst an die christliche Botschaft, an die Heilsbotschaft des Evangeliums. Was ist von dort her für eine Antwort, von dort her für eine helfende Kraft zu erwarten?

Findet sich eine göttliche Antwort auf die menschlich offen bleibende Frage des Friedens?

Um dieses zu sehen, gehen wir in aller Kürze auf einige hierfür entscheidende Aussagen des neutestamentlichen Textes ein.

Der Grundzug des Evangeliums darf darin gesehen werden, daß sich in ihm die Nähe und die Herankunft des Himmelreiches, d. h. der Gottesherrschaft verkündet und offenbar wird. Die entscheidende Offenbarung der Herankunft der Gottesherrschaft geschah für die Gläubigen in dem Wort und in den Heilsereignissen Jesu als des Christus.

Die entscheidende Größe im offenbarenden Evangelium ist also der sich in Jesus offenbarende Gott in seiner kommenden und sich ereignenden Herrschaft. Von ihm aber ist ausdrücklich gesagt und geoffenbart, er sei ein *Gott des Friedens,* und seine ausgerufene und in Jesus offenbar gewordene Herrschaft wird darum als eine Heils- und Friedensherrschaft gekennzeichnet. Um dessentwillen wird die Botschaft von der Gottesherrschaft auch »Evangelium des Friedens« genannt (Eph 6, 15), und Eph. 2, 17 ist unter Aufnahme alter Prophetenworte gesagt: »Er (Christus) hat uns verkündet die Botschaft des Friedens den Fernen und des Friedens den Nahen. Denn in ihm haben wir die Hinführung ... in einem Geiste zum Vater.«

Dies bedeutet, daß der Friede als ein nicht von Menschen, sondern von Gott herkommender verkündet wird. Es wird verkündet, daß die Quelle dessen, was im höchsten und allein ganzen Sinne Friede genannt werden kann, allein in Gott liegt und also nicht beim Menschen. Gott ist in seinem Kommen und Erscheinen der Friede, der Friede für alle und der Friede für immer.

Die Ankunft der Herrschaft Gottes, welche Ankunft zugleich die Ankunft des Friedens Gottes ist, ist in erster Linie als das *endzeitliche* Ereignis verkündet. Es hat freilich in der Zeit, nämlich in Jesus Christus seine Nähe entscheidend geoffenbart. In seiner vollen Entfaltung und Offenbarung steht es aber im Äußersten, an der Grenze der Geschichte. Es ist das göttliche Äußerste, das eigentliche Eschaton. Dies heißt, daß nur im endzeitlichen Kommen Gottes sich der Friede als voller und endgültiger ereignen wird.

Im Hinblick auf unsere früheren Überlegungen können wir also sagen: an der Stelle, wo vom Menschen her gesehen die immer asymptotisch anzielbare Idee des Friedens steht als ein nie erreichbares Äußerstes, als eine nie überschreitbare, ja nie berührbare Grenze, da steht im Evangelium das endzeitliche Kommen Gottes und in ihm das Kommen des endzeitlichen endgültigen Friedens, jenes Friedens, von dem es schon beim Propheten Jeremias (29, 11) heißt: »Ich denke Gedanken des Friedens und nicht der Strafe, spricht der Herr«.

Dies heißt zugleich, daß die Botschaft des Evangeliums die Sache des endgültigen Friedens dem Menschen gleichsam aus der Hand nimmt, um sie ihm von Gott her aufs neue zu verheißen. Nicht der Mensch macht das, und er kann es nicht machen, was im höchsten, nämlich im endgültigen und göttlichen Sinne Frieden genannt werden darf. Es ist Gottes Werk allein.

Die menschliche Welt aber wird vom Standpunkte dieser Gottesbotschaft des Evangeliums her als eine nicht friedliche Welt gesehen. Der unfriedliche Zustand der Menschen wird als Tatsache nüchtern und einfach hingenommen. Darum wird ganz nüchtern z. B. von der den Juden verhaßten Herrschaft des römischen Kaisers gesprochen, und es wird als zu der Weise »dieser Welt« gehörig betrachtet, daß gekämpft wird. Darum kann Jesus bei Joh. 18, 36 sagen: »Wäre mein Reich von dieser Welt, so würden meine Diener gekämpft haben, daß ich nicht ausgeliefert würde.«

Der unfriedliche oder doch niemals ganz friedliche Zustand des Menschen wird also gesehen. Aber er wird nicht gelobt. Er wird vielmehr in Zusammenhang gebracht mit dem im Ganzen *gottfer-*

nen Zustand der Menschen. Dieser Zustand wird bisweilen durch den Ausdruck »diese Welt« oder durch den Ausdruck »Fleisch« gekennzeichnet. Darum kann Paulus im Galaterbrief schreiben: »Offenbar sind die Werke des Fleisches«, und er kann dann unter anderem aufzählen ... »Feindschaften, Streit, falscher Eifer, Wut, Niedertracht, Zwietracht, Absonderung, Neid, ...« (Gal 5,20).

In unserem Zusammenhange heißt dies: die neutestamentliche Botschaft anerkennt den tatsächlichen Zustand des Menschen als einen im Ganzen friedlosen sehr frei von Illusionen. Wenn wir dies wiederum mit unseren früheren Überlegungen zusammennehmen dürfen, so bedeutet das, daß vor dieser Botschaft die grundsätzliche Konkurrenzsituation des Menschen klar gesehen ist, aus der alle Arten des menschlichen Streites hervorgehen. Die Botschaft fügt zu diesem Befunde nur eines, freilich etwas Entscheidendes hinzu: nämlich den theologischen Hintergrund. Die Labilität und die Unvollendbarkeit und die Fraglichkeit des Friedens und damit aller Streit auf Erden hängt für das Evangelium mit der Gottesferne des Menschen zusammen.

Ist dies so, so muß aber gefragt werden, ob durch diese Botschaft dem Menschen die Sorge um den irdischen Frieden *ganz* weggenommen sei. Bleibt von ihr aus gesehen für Menschen nichts mehr zu tun, da alles Entscheidende in Sachen des Friedens doch Gott zugeschrieben wird? Muß die Welt einfach ihrem Zustand überlassen werden in der Erwartung der kommenden Herrschaft Gottes?

Sehen wir genauer hin, so gewahren wir, daß das Evangelium weit davon entfernt ist, solches zu denken. Es fordert im Gegenteil mit beständiger Konsequenz diejenigen auf, die an den in Jesus erschienenen endzeitlichen Gottesfrieden glauben: im Blick auf diesen Gottesfrieden sich ihrerseits nun für alle Weisen des Friedens zu engagieren, in einer Welt, in der sie sich freilich keinen Illusionen hingeben sollen. Die Christen sollen nicht in *untätiger* Hoffnung auf die verheißene kommende Friedensherrschaft Gottes blicken. Sie sollen im Vertrauen auf Gott und seine Verheißungen und seinen Geist von dem verheißenen Frieden in der gegenwärtigen zweideutigen und fraglichen Ordnung tätig *Zeugnis* geben. Sie sollen, wo immer sie es vermögen, Werke des Friedens wirken und begünstigen und in solchem Wirken im Vorläufigen dem Endgültigen dienen.

Darum sollen sie *Friedenstifter* sein, wie der Text der Bergpredigt bei Mt. 5,9 sagt. Zu den Friedensstiftern gehört immer das Engagement, der Mut, sich zwischen die Fronten zu stellen. Darum sollen sie streben, »die Einheit des Geistes zu wahren im

Bande des Friedens«, wie Paulus in Eph. 4,3 sagt. Sie sollen danach streben, um »würdig zu wandeln der Berufung, zu der sie berufen sind«, wie es Eph. 4,1 ausdrücklich heißt. Die Bemühungen um Einheit und Frieden gehören also zu dem Wandel, der dem verheißenen Gottesfrieden angemessen ist. Denn dieses ist der wesentliche Inhalt der »Berufung«. In Röm. 14,17 ff. sagt Paulus, diejenigen, die im Glauben Christus dienen und darin unter dem Lichte der Herrschaft Gottes stehen, sollten »den Dingen des Friedens nachjagen und der Erbauung«. Der Friede des Reiches Gottes soll sich in der Gemeinde darstellen als Friede der Gemeinde. Ist in solchen Texten zwar zuerst an den Frieden innerhalb der Gemeinde gedacht, so ist der Gedanke doch nicht grundsätzlich auf die Gemeinde beschränkt. Darum kann gelegentlich auch sehr allgemein und ohne Beschränkung gesprochen werden. Im Hebräerbrief 12,14 heißt es: »jaget *mit allem* dem Frieden nach«, und Röm. 8,6 sagt Paulus wiederum sehr generell: Das Sinnen des Geistes sei (anders als das Sinnen des »Fleisches«) Leben und Friede.

Es geht also diesen Weisungen gemäß für die Christen darum, dem Frieden nachzujagen, wohl vielleicht zunächst innerhalb der Gemeinde, aber schließlich doch: dem Frieden *überhaupt* nachzujagen. Durch solches Nachjagen sollen die Christen der verheißenen Macht des Reiches Gottes menschlich entsprechen und ihr gleichsam entgegengehen. Sie sollen durch solches tätiges Entgegengehen einen Vor-schein hervorbringen in dieser vorläufigen Welt von dem verheißenen endgültigen Licht.

Christen können und sollen also offenbar vieles tun in dieser Sache. Sie können und sollen z. B. Vorurteile abbauen, die Menschen von Menschen und Völker von Völkern trennen und die oft so hartnäckig sind. Sie können und sollten vieles tun, um das Gefühl für das Recht der Anderen wachzuhalten und zu schärfen im Raume der gewöhnlichen und verbreiteten und nicht ganz vermeidbaren Selbstrechthaberei der Menschen. Sie können und sollen sich einsetzen mit allen wirksamen Mitteln, die Spannungen, die immer die Gefahr des Streites und des Krieges mit sich führen, zunächst mit allen möglichen unkriegerischen und relativ friedlichen Mitteln zum Ausgleich zu führen. Sie könnten und sollten die Entwicklung solcher Möglichkeiten und Wege fördern. Sie könnten und sollten, wo gleichwohl der Streit irgendwo auf Erden ausbrach, sich verantwortlich wissen, alles Mögliche zu tun, um ihn zu humanisieren und zu begrenzen und auf eine vernünftige und wenigstens relativ gerechte Weise zu beenden. Sie könnten und sollten Kriegsdienstverweigerung wenigstens als Ausnahme zulassen und ehren, wenngleich sie nie als allgemeine Regel durchführbar sein wird. Sie sollten also nie sagen, daß nichts zu machen ist, sondern erkennen, daß immer ziemlich viel zu machen ist, gerade dann, wenn das Ganze und Endgültige von Menschen nicht zu machen ist.

Denn freilich werden die Christen auch eindringlich gemahnt und aufgefordert, nicht zu vergessen, daß sie den ganzen und endgültigen Frieden nicht machen können. Sie dürfen die vorläufigen Werke des Friedens, zu denen sie gerufen sind, nicht mit dem endgültigen Frieden verwechseln, der verheißen ist. Sie dürfen nicht zu utopischen Friedensfanatikern werden. Sie sollen ihr Werk des Friedens zwar mutig tun, aber zugleich in der Bescheidenheit des Glaubens.

Die Aufforderung des Evangeliums ist aber niemals eine Aufforderung zur Trägheit in der Sache des Friedens. Sie ist viel eher eine Provokation zum Mut, und zwar innerhalb einer immer relativen und zweideutigen vorläufigen und damit menschlich entmutigenden Welt. Christen sollten mit ihrem Friedensmut aufrecht und nüchtern bleiben inmitten des entmutigenden und bisweilen zum Fanatismus reizenden Milieus. Denn sie wollen sich letztlich nicht auf dieses Milieu und seine Kräfte stützen und auch nicht auf die Erfolge, die sie darin hervorbringen können. Ihre eigentliche Kraft ist vielmehr der Blick auf die Verheißungen Gottes, der Blick auf das, was endzeitlich von Gott her verkündet ist als der *große* und *ganze* Friede.

Der gläubige Blick darauf, der den Mut der Friedensbereitschaft im vorläufigen immer erhalten und immer wieder anfachen kann, ist in den abschließenden Grußworten des 1. Thessalonicherbriefes klassisch zum Ausdruck gebracht. »Der Gott des Friedens heilige euch ganz und gar, und alles, was euer Anteil ist, Geist, Seele und Leib, möge ohne Makel bewahrt werden in der Ankunft unseres Herrn Jesus Christus. Treu ist, der euch beruft. Er wird es auch verwirklichen.«

Anm. d. Hrsg.:
Zur Ergänzung der Besinnung hat Bernhard Welte in den Anmerkungen der Originalfassung mehrfach auf seine Schrift: »Über das Wesen und den rechten Gebrauch der Macht« (Freiburg, 2. Aufl. 1965) hingewiesen; ferner auf seinen Aufsatz »Miteinandersein und Transzendenz« in: Auf der Spur des Ewigen. Freiburg 1965, 74f. In Anmerkungen zum II. Teil des vorstehenden Textes verweist Welte auf H. Schlier »Der Brief an die Galater« (Göttingen 1949), ferner auf den Artikel »eirene« im Theol. Wörterbuch zum Neuen Testament, begr. v. G. Kittel.

Fürbitten vor Weihnachten

Herr unser Gott,
du hast verheißen, du wolltest unser Haus bauen und unser Friede sein. Siehe, wir bitten dich:

Für alle, die müde sind vom Betrieb vor Weihnachten, unter uns, in unserer Stadt, in der Welt: Gib du ihnen Kraft und Ruhe und einen stillen großen Glauben an dich.

Für alle, die schwermütig und nervös werden in diesen Tagen: Stehe wie eine schützende Mauer um sie:
Gib dem Glauben neue Kraft und der Hoffnung und der Liebe ein wenig neuen Glanz.

Und für alle, die enttäuscht sind und verwirrt:
Suche du sie heim –
Erbarme dich aller –
Laß sie Freunde finden und erneuernde Kraft.

Und wir wollen beten um Gerechtigkeit und Frieden und Freiheit auf der ganzen Erde:
Hilf, o Herr, allen Menschen
und richte auf dein Heil!

O Herr!
Sei du unsere Zuflucht!
Sei unser Haus, sei unser Friede!
an allen Tagen,
in jeder Nacht,
Durch Christus, unseren Herrn.

Wer an Gott glaubt, muß an alles glauben! – Was bedeutet das in einer zerrissenen Welt?

Bei dieser festlichen Tagung der Akademie soll es um Universalität als Auftrag der christlichen Botschaft gehen.

Dazu möchte ich die These erläutern, die ich in meiner Religionsphilosophie (Freiburg – Basel – Wien 1979) vertreten habe, nämlich: »Wer an Gott glaubt, muß an alles glauben.«

Und diese These, die ich nach wie vor vertrete, soll gegenübergestellt werden der Erfahrung einer zerrissenen Welt.

1. Erläutern wir zunächst die These. Wer an Gott glaubt, an das große Geheimnis, aus dem alles kommt und in das alles wieder mündet, an das große lebendige Geheimnis, das uns in allem anblickt und das zugleich alles übersteigt, der wird in allem die Spur Gottes erkennen. Denn man kann Gott nicht von seiner Schöpfung trennen. Darum hat schon Augustin gesagt: Non est sanitas eis quibus displicet aliquid creaturae tuae ... Es gibt also nach ihm keine

Gesundheit des Geistes für die, denen irgendeine Kreatur Gottes mißfällt. Das war hier polemisch gegen die Manichäer gesagt. Aber es gilt allgemein. Darum haben auch andere große Denker davon gesprochen, z. B. Bonaventura: Pater Verbo suo, quod ab ipso procedit, dicit se et omnia, quia Pater Verbo suo, se ipsum declaret (I, Sent. d. 32a. 1 q. fun. 5 (Ed. Quarrachi I, 557)). Der Vater hat durch das Wort, das von ihm hervorgeht, sich und alles ausgesprochen, denn der Vater erklärt sich selber in seinem Wort. Also im Ganzen dessen, was aus ihm hervorgeht, in der ganzen Schöpfung leuchtet die Klarheit des Vaters. Dies ist die Fassung einer ursprünglich franziskanischen Erfahrung, denn auch Franz von Assisi hat in seinem berühmten Sonnengesang gesagt: Gelobt seist du, Herr, mit allen Wesen, die du geschaffen hast (vgl. Franz von Assisi, Legenden und Laude, hrsg. von Otto Karrer, Manesse-Verlag Zürich 1945, S. 674/75).

2. Was heißt aber dies »Alles«? An alles glauben, alle Kreaturen, alles was – nach Bonaventura – aus seinem Wort entsprang? Ist das etwa alles einzelne, etwa der vollständige Katalog aller existierenden Dinge, etwa der Supercomputer, in dem alle Informationen der Welt gespeichert wären? Etwa alles, womit alle Spezialwissenschaften sich beschäftigen?

Wir zögern, das zu bejahen. Es soll dabei nichts gesagt werden gegen die notwendige Spezialisierung der Wissenschaften. Sie ist nun einmal unser Schicksal. Aber wir fragen doch: Wo ist da »Alles«, wenn jeder der hochspezialisierten Wissenschaftler nur sein Spezialgebiet kennt und vielleicht gerade noch die Sprache des nächsten Fachnachbarn, aber schon nicht mehr die des übernächsten versteht? Wo ist da »Alles«, wenn etwa – wie man lesen kann – die Medizin in mehr als 25 Spezialgebiete geteilt ist, wobei jeder Spezialist nur noch ungefähr die Dinge des nächsten Fachnachbarn versteht? Es hat den Anschein: je mehr wir wissen, desto mehr müssen wir uns auch vereinzeln, und desto mehr rückt uns das, was man sinnvollerweise »Alles« nennen kann, aus dem Horizont und verschwimmt in eine nebelhafte Unbestimmtheit. Was das Wort »Alles« meint, ist also sicher nicht die bloße Anhäufung von Milliarden Einzelheiten. Was kann das Wort aber dann sinnvoll bedeuten?

Es kann sinnvoll nur bedeuten: Uni-versalität, oder auch Uni–versität, d. h. wörtlich: alles als eines, alles ins Eine gewendet und im Einen begriffen. In einem Einen, das alles erst zu einem sinnvollen Ganzen machen könnte.

Aber ist die moderne Universität nicht in Wirklichkeit eher eine Pluri-versität, ein Auseinanderlaufen ins bloße Viele? Und läuft die moderne Gesellschaft mit ihren von der Wissenschaft erschlossenen enormen technischen Möglichkeiten nicht auch immer weiter auseinander in konkurrierende wirtschaftliche, politische und militärische Kämpfe? Fehlt uns nicht immer mehr »das geistige Band«, während wir die Teile in der Hand haben, wie Mephisto es in Goethes Faust zum Schüler sagt.

Wie soll da alles als ein sinnvolles Eines und Ganzes begriffen werden? Wie sollen wir, an Gott glaubend, an alles als ein sinnvolles Eines glauben? Das ist unser Problem.

3. Die vollendete Universalität in diesem Sinne werden wir als begrenzte Menschen nicht zustandebringen. Aber als begrenzte Geschöpfe haben wir doch einen unbegrenzten Horizont. Deswegen gibt es für uns Menschen keine definitiven Grenzen, nicht in den Wissenschaften, denn sie haben noch immer über jede faktische Grenze, an die sie stießen, hinausgespäht und darüber hinausgesucht. Nicht auch in der Lebenspraxis, denn auch sie treibt immer wieder über alle Grenzen hinaus. Nicht in der Hoffnung, denn selbst an der äußersten Grenze des Todes pflanzt der Mensch noch die Hoffnung auf.

Wir Menschen sind offenbar so geschaffen, daß wir zwar gewiß begrenzt sind, aber zugleich geöffnet ins Unbegrenzte und alles Umfassende, und so geeignet, eben dieses Unbegrenzte, das alles umfängt und im Umfangen von allem eins ist, wie in einem Spiegel aufzufangen und widerzugeben. Eben darin ist der Mensch, wie die Bibel sagt, Ebenbild Gottes.

Also können und müssen wir doch in all unserer Begrenztheit uns ausrichten auf das, worin alles eins ist, und dies im Glauben und im Vertrauen auf den, der alles umfängt und alles durchdringt.

4. Ich versuche im folgenden ein paar Wege zu zeigen, wie wir ungeachtet der für uns unerläßlichen Spezialisierung doch universal denken und auch in der Praxis die Zerrissenheit der Zeit wenigstens teilweise überwinden können.

Dazu muß vor allem auf folgendes aufmerksam gemacht werden: Wir müssen uns gewiß spezialisieren, aber wir brauchen uns nicht damit zu begnügen. Normalerweise haben wir über die berufliche Spezialisierung hinaus Zeit genug, um über die Grenzen unseres nächsten Faches zu blicken in andere wichtige Gebiete. Wir können und sollen zwar dort keine eigentlichen Fachleute mit strengsten Sinne werden. Das ist ja auch nicht nötig, aber wir können Liebhaber werden, »Dilettanten«. Das Wort wird oft in abschätzigem Sinne gebraucht. Aber hören wir genauer darauf, was das Wort eigentlich sagt. Es spricht von Leuten, die es sich erlauben, etwas zu tun, einfach weil sie es »lieb haben«. Und wir können und sollen also doch uns erlauben, jenseits der Grenzen unseres Faches dieses und jenes, was andere in fachlicher Kompetenz begreifen, einfach lieb zu haben und aus diesem einen Grunde, weil wir es lieb haben, uns damit zu beschäftigen.

Eine solche Art geistiger Liebhaberei erweitert enorm die Horizonte. Sie läßt uns oft auch im eigenen Fachgebiet Neues einfallen. Und es ist auch nicht selten geschehen, daß ein Liebhaber etwas in dem Bereich, mit dem er sich beschäftigt, entdeckt hat, was die Fachleute nicht entdecken konnten. Und auf jeden Fall beginnt sich mit einer solchen fachunspezifischen und fachüberspezifischen Liebhaberei der Horizont stark zu erweitern, und es beginnt sich so etwas wie ein sinnvoller Zusammenhang aller Dinge zu entwickeln.

Von da aus können wir – wiederum außerhalb unseres eigentlichen Fachwissens – uns insbesondere mit jenen Ebenen des Lebens beschäftigen, die von Natur aus alles im Einen spiegeln. Solche gibt es durchaus.

Ich weise hier vor allem auf die Sprache hin. Alle Menschen sprechen. Und in der Sprache der Menschen spiegeln sich Himmel und Erde, Leben und

Sterben, Sterbliche ebenso wie das unsterbliche und eigentlich unaussprechliche Geheimnis, das wir – wiederum in der Sprache – Gott nennen. So ist die Sprache alles als Eines, ein wahres Uni-versum.

Aber wie lernt man Sprache, so daß man sie lernend lieb gewinnt? Wir sind als Kinder zwar wie träumend in unserer Sprache aufgewacht. Und dann haben wir vielleicht in Schule und Universität ihre Grammatik und nicht weniges aus ihrem Wörterbuch und aus ihrer Geschichte gelernt und haben uns vielleicht so wieder in lauter Einzelheiten verlaufen.

Aber gerade da wird es darauf ankommen, über Grammatik und Lexikon hinaus, die wir zwar nötig haben, in den Geist und die Seele einer Sprache einzudringen, d. h. in die einheitliche Weise, wie eine Sprache selber in der Vielfalt ihrer Formen und Gestalten Gott und Welt und alles interpretiert.

Wie aber lernt man gerade dies, das Eine in der Vielfalt der Form und der Sprache? Man kann es z. B. lernen im Achten auf die unscheinbaren Spuren, die den Geist einer Sprache dem Kenner verraten. Und diese Spuren entdeckt man gewöhnlich erst von der Ebene anderer Sprachen aus. Die eigene Sprache, unsere Muttersprache, lernen wir erst richtig, wenn wir sie auch betrachten lernen von außen, von der anderen Sprachebene aus, und am allerbesten von einer möglichst verschiedenen. Ein bißchen Hotel-und Airport-Englisch genügt dafür nicht, so nützlich es im Einzelfall sein kann. Wohl aber eine – liebhabende – Beschäftigung, sagen wir mit Shakespeare oder T. S. Eliot oder James Joyce usw. Mit solchen Beschäftigungen kann einem die Welt, in diesem Fall der englischen Sprache, d. h. alles in Einem neu aufgehen, und von daher fällt dann auch ein neuer Blick auf die eigene sprachliche Welt und ihren Geist.

Oder wenn man gar die eigene Sprache sich spiegeln läßt in einer noch mehr verschiedenen Sprache, etwa in einer antiken. Glücklich, wer noch Latein und Griechisch gelernt und auch lieben gelernt hat. Oder gar wenn man die Möglichkeit hat, einen Blick in eine nicht-indogermanische Sprache zu tun, z. B. Hebräisch oder Syrisch oder Arabisch. Darum sollte man das Erlernen der hebräischen Sprache nicht leicht aus dem Lehrplan der Theologischen Fakultäten streichen, bloß deswegen, weil es für den Anfang ein wenig kompliziert scheint. Achtet man in einer solchen Sprache auf ihren Geist, auf die Grundhaltung, die sich darin offenbart, und dies in liebender Geduld und in geduldigem Eindringen, dann geht einem wirklich Gott und Welt neu auf.

Etwa wenn man einmal merkt – um nur ein, allerdings wichtiges, Beispiel zu nennen –, daß die berühmte Bibelstelle der Gottesoffenbarung an Mose in unserer Sprache nur sehr unvollkommen wiedergegeben werden kann: Wir lesen da gewöhnlich: Ich bin, der Ich bin, oder lateinisch: Sum qui Sum. Dies ist eine statische und abstrakte Aussage. Schlägt man aber in der hebräischen Bibel nach, dann liest man: Eheje asher Eheje. Und versucht man, dies aus dem Geist dieser ehrwürdigen semitischen Sprache zu verstehen, dann merkt man schließlich, das heißt eigentlich: Ich bin *da,* Ich bin *bei Dir,* und Ich werde immer bei Dir sein. Das ist höchst konkret und dynamisch. Hier ist die Rede von einem wirksamen und über Zeiten und Weltläufe hinweg dynamischen Bei-uns-Sein. Und wenn man über den Sinn solcher Worte nachdenkt, dann kann einem wirklich Gott und die Welt und damit alles in einem neu aufgehen. Und man lernt auch die eigene Sprache in ihrer Eigenart, in diesem Fall in ihrer Schwäche, in anderen Fällen in ihrer Stärke neu ermessen.

Und man muß dazu noch sagen: Der Geist der Sprache, ihr »Alles in Einem« geht einem am besten auf in der nachdenklichen Beschäftigung mit den großen Werken der Sprache, den großen Dichtungen vor allem. Da erst erscheint die eigentliche Seele der Sprache, ihr lebendiges »Eins und Alles« auf die reinste Weise. Darum sollte man keine Sprache lernen, erst recht nicht die eigene Sprache, die man ja am meisten lernen muß, ohne sich an ihren großen Möglichkeiten zu messen. Denn an diesen lernen wir immer wieder auf neue Weise, an Gott glaubend, an alles zu glauben und Gott liebend, alles zu lieben. In der großen Dichtung nämlich erscheint alles, das Helle und das Dunkle, die Liebe wie der Haß, die Höhe wie die Tiefe, wie in einer geheimnisvollen Verklärung.

Es ist nützlich, von da aus auch auf die Sprache der Töne, die Musik zu blicken. Was klingt nicht alles in der wirklich großen Musik? Tränen der Freude, Tränen des Schmerzes, Tanz der Liebe, Streit und Dissonanz wilder Kräfte, Leben und Tod, Wunder der Versöhnung, alles, was das Leben ausmacht, als eine klingende Welt, als – wie Hegel sagt – der bacchantische Taumel, an dem kein Glied nicht trunken ist, und zugleich die prädikatlose Stille, das Unaussprechliche, in das der ganze Sturm und Taumel der Elemente sich wieder aufhebt, und dies immer wieder neu.

Ähnliches kann man von den Werken der bildenden Kunst sagen. Aber begnügen wir uns zunächst mit diesen Hinweisen und denken wir daran, daß die Dichter, die Musiker, wie auch die übrigen Künstler ihre Werke nicht für die Spezialisten, etwa für die Literaturhistoriker oder die Musikologen geschrieben haben, so dankbar wir den Spezialisten sind für das oft Kostbare, was wir von ihnen lernen können. Vielmehr sind alle diese Werke geschrieben für alle Leute mit offenen Augen und Ohren und mit einem liebenden und liebhabenden Herzen.

Und darum können wir da lernen, was es heißt und heißen kann: An Gott glauben und damit zugleich an alles glauben, was immer es auch sein mag. Und wir können solchem Lernen der Einseitigkeit der Nur-Spezialisierung, mit der wir alle zu ringen haben, wirksam entgegenwirken.

5. Freilich kann man diesem Gedanken gegenüber einen Einwand machen. Nämlich: Heißt das nicht, in die Sprache und gar in die Hochform der Sprache als Poesie und Kunst auszuweichen, ist das nicht eine Art Flucht aus der brutalen Wirklichkeit dieser Welt in einen zwar schönen, aber der Realität nicht standhaltenden Traum? So könnte es scheinen.

Aber dazu ist folgendes zu sagen: Sprache, und besonders Kunst, ist zwar kein bloßer Traum, aber sie kann in der Tat im abstrakt ästhetischen Genuß zu solchen Ausweichmanövern vor dem sogenannten Ernst des Lebens benützt werden, und so entsteht dann jene »ästhetische Existenz«, von der Kierkegaard gesprochen hat.

Aber einmal hat die Kunst ihren eigenen Ernst, ihre eigene und oft sehr ernste Weise, die Höhen, aber auch die Tiefen und die Abgründe unseres Daseins uns zu enthüllen. Und vor dieser Art des Ernstes der Sprache weichen wir dann manchmal gerne in die Banalität des sogenannten Ernstes des Lebens aus.

Aber darüber ist noch ein anderes zu bemerken. Die Sprache als Kunst, als Poesie, hat etwas mit der Liebe zu tun. Man kann sich nicht ernstlich mit Poesie beschäftigen und noch gar Poesie schöpferisch entfalten, ohne ein liebender Mensch zu sein.

Die Kraft der Liebe aber hat es ganz wesentlich mit der Wirklichkeit zu tun, mag es auch bisweilen Liebhaber geben, die statt der Juno die Wolke umarmen.

Aber die volle und ihrem Wesen gemäß entfaltete Liebe ist real und zugleich universal. Mag sie sich auch zunächst einem einzigen geliebten Menschen zuwenden, so werden doch in der Kraft dieser Liebe auch Himmel und Erde schöner leuchten, und alle Menschen werden für die Liebenden freundlicher blicken, d. h. das Ganze dessen, was uns winkt, ist als Ganzes in ein Licht der Liebe getaucht.

Und es war wiederum Augustin, der gerade aus dieser Beobachtung heraus die Erfahrung formulierte: Quo nisi deo plenus est, qui plenus est dilectione (De Trin. 8, 12, ML 42, 955). Wessen, wenn nicht Gottes ist voll, wer voll ist der Liebe! Wenn dies richtig beobachtet ist, haben wir in der Liebe also wiederum ein universales Element, eine Kraft und eine Gabe, in der Himmel und Erde, Leben und Tod, Göttliches und Menschliches, alles in einem Licht gesammelt ist. Und eine Gabe, die zudem mit Poesie nahe verwandt ist.

6. Sind aber damit die Probleme der zerrissenen Welt gelöst? Sie sind damit gewiß noch nicht ohne weiteres gelöst. Aber es ist doch ein Horizont sichtbar geworden, in dem sie beginnen, sich aufzulösen. Darum konnte Dante in der »Vita nuova«, d. h. im »Neuen Leben« (Cp. 11) davon berichten: als Beatrice, d. h. die personifizierte Liebe ihm erschien, da gab es für ihn keine Feinde mehr (Nullo nemico mi rimanea).

Man wird – diese Zeile bedenkend – mit Erstaunen fragen: keine Feinde? Keine politischen, keine persönlichen, keine familiären, keine Klassenfeinde?

Gewiß, auch für die Liebe, solange es sie auf dieser Erde gibt, wird es noch das Feindliche und auch das Böse geben. Und die Liebe wird vielleicht darüber traurig und zornig werden. Aber: In der Trauer wird dann immer noch Liebe sein. Und in der Leidenschaft des Zornes wird auch immer noch Liebe sein. Nie zwar wird die Liebe das Böse als solches lieben, aber sie wird, um wiederum mit Augustin zu sprechen, sagen können: Odi errorem, amo errantem. Ich hasse den Irrtum und damit auch das Böse, aber ich liebe den Bösen. Die Liebe wird das Böse und Irrige hassen, aber den bösen und verirrten konkreten Menschen lieben. Sie wird so den Zwiespalt überwinden, ohne ihn zu verleugnen. Auch für die Liebe wird es Politik geben müssen und damit die Auseinandersetzung entgegengesetzter Machtgruppen. Aber der Liebe wird es dabei nicht auf die Macht und schon gar nicht auf die Durchsetzung partikularer Interessen ankommen, vielmehr auf das für alle und für das Ganze Gute und Rechte, auf das bonum commune, auf das Wohl für alle. Auch für die Liebe wird es zwar dann immer noch den Schrecken und das Einander-nicht-Verstehen-können, und es wird immer wieder das Nicht-Verstehenkönnen des Bösen in der Welt geben. Sie wird es ernst-nehmen, und sie wird darunter leiden. Aber die Liebe hört – wie die Schrift sagt – niemals auf. Sie wird also das Böse in der Welt zwar als Leiden, aber auch als eine Herausforderung empfinden, sich gerade daran zu bewähren. Sie wird kühn genug sein, daran zu glauben, daß auch in den bösen Menschen noch eine verkannte und verborgene Wurzel des Guten stecke. Sie wird also im bösen Mitmenschen nicht den Feind sehen, sondern den möglichen Freund, mit dem sie ringen wird, weil sie ihn liebt.

Und sie wird sich in ihm mit dem verborgenen und verschmutzten Bild Gottes verbünden, das aber immer noch das Bild Gottes ist. In diesem Sinne gibt es, wo die Liebe erscheint, keine eigentlichen Feinde mehr.

Wer an Gott glaubt, muß also auch, und gerade in einer zerrissenen Welt, an alles glauben, deswegen weil er lieben muß. Und wer liebt im großen Sinne, muß alles lieben und also kühn über alles hinweggehen. Damit ist die Liebe die immer wieder neu sich realisierende Poesie. Und deswegen kann sie in der poetischen Poesie sich selber wiedererkennen, das göttliche Ein und Alles.

Und darum hat auch Franz von Assisi keine Feinde gehabt. Man kann die berühmte Geschichte von dem Wolf von Gubbio als Gleichnis dafür lesen. Denn der Wolf ist gleichsam das Symbol aller feindlichen Mächte. Aber Franz tritt dem gefürchteten Wolf mit dem Zeichen des Kreuzes und im Namen der Liebe, die Jesus verkündet hat, entgegen, und er sprach mit dem Wolf und auch mit den Leuten, die ihn haßten, und so wurden aus den Feinden Freunde. Das ist die konkrete Universalität der Liebe in einer zerrissenen Welt. Und darum hat Therese von Lisieux in ihrem Tagebuch, wo sie über die Erfahrung der Bitterkeit der von ihr empfundenen Gottesfinsternis berichtet, geschrieben, sie sei bereit, vom Tisch der Sünder zu essen. (In den Manuscrits Autobiographiques, hrsg. vom Karmel von Lisieux, 1956 auf den Blättern 11 und 12 des Tagebuchs, das mit 1897 beginnt.) Sie hat sich also solidarisiert mit den bösen und damit unglücklichen Menschen und ist in dieser Gesinnung wiederum in der Kraft der Liebe über die Zerrissenheit der Welt hinweggegangen. Und, um ein Beispiel aus unserer Zeit zu erwähnen: Warum hat Johannes Paul II. für seinen Attentäter gebetet und ihm verziehen?

So geht bisweilen der liebende Glaube über die schrecklichsten Risse und Spaltungen mit einer zauberhaften Sicherheit hinweg und umfängt wirklich alles und dies auch in unserer konkreten und zerrissenen Welt.

So fängt die realisierte Universalität an. Sie holt die Möglichkeiten der Sprache auf und schwingt sich dann über alle Spezialisierungen und alle Zerrissenheiten in der Kraft der Liebe kühn hinweg.

7. Allerdings kann es nicht Sache unseres endlichen innerweltlichen Daseins sein, eine total realisierte Universalität, und dies gar mit eigenen Kräften und mit Gewalt, herstellen zu wollen. Dies führte nur zum Totalitarismus als dem Zerrbild einer wahren christlichen Universalität. Karl Popper hat in seinem berühmten Buch »Die offene Gesellschaft

und ihre Feinde« mit Recht darauf aufmerksam gemacht. Man braucht deswegen nicht alle Interpretationen dieses wichtigen Buches mit Popper zu teilen. (Originalausgabe: The Open Society and Its Enemies, Routledge and Kegan Paul, London 1944; deutsche Ausgabe Bern 1957.)

Die realisierte Totalität ist eine eschatologische Größe, sie liegt allein in den Händen Gottes, der an seinem Tag dafür sorgen wird, daß – wie die Bibel sagt – »Gott wirklich alles in allem ist«.

Unser Teil einstweilen ist also der Glaube und die Hoffnung und die Liebe. Aber der Glaube soll dabei nicht weltlos sein, sondern mit Gott alles umfangen. Und die Hoffnung soll nicht träge sein. Sie hat genug zu tun, hoffend Augen, Ohren, Geist und Herz offenzuhalten für das »Alles und Eines« inmitten dieser zerrissenen Welt. Und die Liebe hört vollends – wie wir gesehen haben – niemals auf, auch nicht an den schrecklichsten Dingen.

Und das ewige Leben

Man hat Umfragen gemacht, gerade auch unter Christen und Kirchgängern, und dabei ist herausgekommen, daß ein hoher Prozentsatz von uns Christen doch nicht recht an das ewige Leben glaubt.

Dem entspricht das, was ich neulich im Zusammensein mit einigen Freunden beim Wein erlebte. Da sagte einer, der sonst brav in die Kirche geht, mit der Auferstehung von den Toten sei es doch wohl nichts.

Und wenn wir schließlich unser eigenes Herz fragen. Schwanken wir da nicht selber manches Mal in dieser Sache? Die Toten sind so unheimlich still. Sie mögen uns manchmal im Traum begegnen. Aber sind Träume nicht doch Schäume?

Und die meisten Menschen um uns in unserer so gründlich säkularisierten Zeit glauben ohnehin nicht daran. Und so etwas steckt doch an. Denn wir gehören doch auch zu den modernen Menschen dieser Zeit oder wollen es jedenfalls. Wir halten uns für gewöhnlich, wie alle Menschen heutzutage, doch lieber an die greifbaren und nachprüfbaren Realitäten unseres Lebens, darin erscheint das Ewige wie nichts.

Vielleicht gehört es überhaupt zum Glauben, bisweilen angefochten zu sein. Davon wird aus allen Zeiten berichtet und gerade bisweilen von den größten Gläubigen. Sie haben manchmal die größten Anfechtungen zu bestehen gehabt. Man braucht z. B. nur einmal von *Reinhold Schneider* sein berühmtes letztes Buch zu lesen. »Der Winter in Wien« (Freiburg 1958). Da schreibt dieser große Mann und Gläubige, dieser Glaubenszeuge und Dichter, der viele in den Nöten des Zweiten Weltkrieges im Glauben gestärkt hat, von seinen erschütternden Nöten und Anfechtungen im Glauben.

Fragen wir auf diesem Hintergrund also noch einmal: Glauben wir wirklich an das ewige Leben? Ich meine, wir wollen es wenigstens versuchen, auch wenn das Herz dabei ein wenig wankt und zittert, auch wenn wir die Anfechtungen immer wieder wie die Fliegen im Sommer verdrängen müssen. Wir wollen doch probieren in dieser Sache, wie Petrus in der Geschichte vom Sturm auf dem Meer, über die Wellen unserer Zweifel und Ängste zu gehen. Es kann dann schon sein, daß wir dabei einmal anfangen, unterzugehen und Angst zu bekommen. Aber gerade dann sollen wir rufen wie damals Petrus: »Herr hilf mir, ich gehe zugrunde!« Dann wird sich gewiß auch uns eine Hand entgegenstrecken, und sie wird uns wieder auf die Füße stellen; auch wenn der Grund für diese Füße noch schwankend scheint, wie jenes Wasser schwankend war.

Versuchen wir es doch, immer wieder neu zu glauben: Irgendwo wird ein Licht sein, auch wenn ich die Augen schließen muß. Irgendwo wird eine Hand sein, die mich rettet, irgendwo wird eine Stimme rufen: Steh auf! Auch wenn ich mir gar nicht vorstellen kann, wie das zugehen soll. Irgendwo wird auch ein Gericht sein, das alles endlich recht macht, wie kein irdisches Gericht es recht machen kann. Irgendwo wird ein Erbarmen sein, das alle Tränen stillt.

Haben wir uns schließlich bis zu diesem »Irgendwo« vorgetastet, dann werden uns freilich neue Fragen kommen. Wir werden uns fragen: Wie soll denn das eigentlich zugehen? Da wird so schön und tröstlich vom Licht und von der rettenden Hand und vom Anruf und vom Gericht gesprochen. Aber leider: ich kann mir unter all dem nichts richtiges vorstellen.

Solche Fragen sind verständlich. Aber man darf doch ihnen gegenüber die Gegenfrage stellen: Müssen wir uns denn alles unbedingt vorstellen? Sollte es uns nicht erlaubt sein, uns überraschen zu lassen vom Unvorstellbaren? Erinnern wir uns an die wohl schönste und tiefste Stelle, die sich darüber in der Bibel findet: (1 Kor 2, 9) »Kein Auge hat es gesehen, kein Ohr hat es gehört und in keines Menschen Herz ist es gedrungen, was Gott denen bereitet hat, die ihn lieben«. Versuchen wir unser Herz der merkwürdigen Kraft dieser Worte zu öffnen. Gewiß, diese Kraft liegt vor allem in den Negationen: Kein Auge, kein Ohr, kein Herz. Aber diese Negationen zeigen ja gerade das Überschwengliche an, das, was sich über alle Grenzen der Sinne und des Herzens hinausschwingt ins Unvorstellbare, um uns dies so eindringlich wie immer möglich anzusagen. Für gewöhnlich brauchen wir ja gewiß Symbole wie das vom Licht oder von der rettenden Hand. Aber über allen Symbolen draußen liegt das unvorstellbare Geheimnis, dem wir uns glaubend und hoffend anvertrauen.

Und wenn wir dann noch als irdische Menschen, wie wir nun einmal sind, einen menschlichen Zugang suchen zu diesem Geheimnis, dann findet sich dieser Zugang noch am ehesten im Bereich »Liebe«. Darum ist in unserer Bibelstelle ja auch von denen die Rede, »die Gott lieben«. Es kann zwar ganz gut sein, daß wir mit der Liebe zu Gott auch unsere Schwierigkeiten haben, etwa von der Art: Wie kann ich lieben, was ich gar nicht sehen und nicht spürbar umarmen kann? Aber bei dieser

Schwierigkeit gibt uns der heilige *Augustinus*, der ja in solchen Dingen und in solchen Schwierigkeiten sehr erfahren war, einen nützlichen Rat. Er schrieb nämlich (De Trinitate VIII, 12 ML 42, 958): »Niemand soll mir sagen: was soll ich eigentlich lieben? Er liebe einfach seinen Bruder, seinen Mitmenschen, und er wird die Liebe selber lieben. Und er wird dann mehr vertraut sein mit der Liebe, durch die er liebt, als mit dem Bruder, den er liebt. Umarme also die Liebe selber, denn sie ist Gott. Und in der Liebe umarme Gott.« Dieser merkwürdige Satz meint also: Das Geheimnis Gottes steckt heimlich mitten darin, wenn du überhaupt irgend einen Menschen liebst.

Probieren wir es doch auf diesem Weg! Dann können wir darüber hinaus auch noch eine andere merkwürdige Erfahrung machen. Je mehr es uns nämlich gegeben wird, wirklich und im Ernst und mit einiger Selbstlosigkeit einen Menschen zu lieben, oder wenn junge Menschen wirklich und mit Ernst ineinander verliebt sind, oder wenn wir einem alten Menschen liebend beistehen: da können wir merken: Die Liebe hört niemals auf, und der geliebte Mensch darf niemals aufhören. Gewiß wird vielleicht der äußere Glanz und Charme der Liebe mit der Zeit verblassen. Aber in diesem Glanz steckt doch etwas darin, das unvergänglich und unvergeßlich und kostbar ist und das niemals aufhören kann. Da steckt Göttliches und Ewiges mitten im irdischen und vergänglichen und doch auch manchmal schönen irdischen Leben. Darum hat ja auch schon der offenbar verliebte Sänger des »Hohen Liedes«, das in der Bibel steht, gesagt: »Die Liebe sei stärker als der Tod« (Hld 8,6).

Solch tiefmenschliche Erfahrungen können uns gut helfen, unser immer ein wenig mißtrauisches Herz über all seine Schwankungen hinweg zu führen und es zu lehren, daß man doch glauben und hoffen darf über Leben und Tod hinaus auf das, was kein Auge gesehen und kein Ohr gehört und was noch in keines Menschen Herz gedrungen ist.

Dann bekommt unser Leben auch so etwas wie eine neue Dimension. Es wird leichter und tiefgründiger zugleich. Leichter, weil keine irdische Last und Plage mehr gar so schwer drückt. Und tiefgründiger, weil hinter allem und in allem das Geheimnis Gottes winkt.

Und dann können wir auch getröstet glauben, daß irgendwo, und vermutlich nicht weit weg von uns, die sind und leben, die schon von uns hinweggerufen wurden. Daß es eine leise und lebendige Macht gibt, die Lebende und Tote zusammenhält, eine Heimat, in der die Toten nicht tot sind und die Lebenden noch nicht ganz lebendig.

Es wird jetzt freilich immer noch so sein, daß wir auf diesen Wegen des Glaubens und der Hoffnung und der Liebe bisweilen wankend werden. Denn unser Herz ist nun einmal wankelmütig. Aber lassen wir uns nicht gleich verwirren! Nach einiger Zeit wird es uns doch wieder gegeben werden, zu glauben und zu hoffen über alle Grenzen hinaus, selbst und gerade über die Grenze des Todes hinaus.

Dieser Glaube und diese Hoffnung sind ja, daran dürfen wir zum Schluß erinnern, nicht so etwas wie ein bequemer Stuhl, auf den man sich setzen kann, und dann bleibt man von selber darauf sitzen, einfach durch die Kraft der Trägheit und ohne etwas weiteres dazu zu tun. Der Glaube ist vielmehr zu vergleichen mit dem Schwimmer im Wasser. Er muß sich beständig regen und bewegen und die Hände ausstrecken, nur dann trägt ihn das Wasser. So sollten auch wir immer neu unter den sich immer wieder neu bildenden Wellen unserer Zeit und Welt die Arme des Glaubens, der Hoffnung und der Liebe ausstrecken und in die Wellen greifen, auch wenn es dabei ein wenig stürmisch zugehen sollte.

So wird schließlich das Vertrauen wachsen können mit der Zeit und mit der Geduld des Ausharrens. Und Gott wird es uns dann schon geben, daß wir, vielleicht mit pochendem Herzen, aber doch im Ernst sagen können: Ich glaube an das ewige Leben.

Bibliographische Notiz

EIN EXPERIMENT ZUR FRAGE NACH GOTT
In: *Gott in dieser Zeit.* Herausgegeben von L. Reinisch, Beck'sche Schwarze Reihe 84, Verlag C. H. Beck, München 1972.

DAS GEBET DES SCHWEIGENS
In: *Meditation* 2 (1976), S. 1–2.

STILLSEIN IN GOTTES STILLE
In: *Der christliche Sonntag* 8 (1956), S. 361.

MEDITATION ÜBER DIE ZEIT
In: *Meditation* 7 (1981), S. 2–4.

CHRISTLICHER GLAUBE UND ERFAHRUNG
In: *Lebendige Seelsorge* 31 (1980), S. 173–178.

EINE TATSACHE
In: *Christ in der Gegenwart* 26 (1974), S. 239.

ERSTLINGE DER SCHÖPFUNG
In: *Der christliche Sonntag* 11 (1959), S. 137.

VON DER REINEN FRÖMMIGKEIT
In: *Der christliche Sonntag* 11 (1959), S. 145–146.

FÜRBITTEN
In: *Christ in der Gegenwart* 23 (1971), S. 53, 93; 22 (1970), S. 397.

VOM SINN UND VOM SEGEN DER ARMUT
In: *Vom Wesen und Walten christlicher Liebe.*
Hrsg. von Karl Borgmann. Colmar: Alsatia Verlag o. J. (wahrscheinlich 1948), S. 81–90, wieder in: benediktinische Monatsschrift zur Pflege religiösen und geistigen Lebens 27 (1951), S. 211–221.

SCHENKEN VERWANDELT
In: *Meditation* 2 (1976), S. 14–16.
DER CHRIST ALS ZEUGE
In: *Lebendige Katechese* 4 (1982), S. 1–3.
GEDANKEN ZUM VATERUNSER
In: *Christ in der Gegenwart* 26 (1974), S. 398.
ÜBER DIE FRAGLICHKEIT DES MENSCHLICHEN FRIEDENS UND ÜBER DIE VERHEISSUNG DES GÖTTLICHEN FRIEDENS
In: *Vom Frieden.* Hrsg. von der Niedersächsischen Landeszentrale für politische Bildung. Hannover 1967, S. 163–179. (Hannoversche Beiträge zur politischen Bildung 4).
WER AN GOTT GLAUBT, MUSS AN ALLES GLAUBEN! – WAS BEDEUTET DAS IN EINER ZERRISSENEN WELT?
In: *Universalität als Auftrag des Glaubens.* Hrsg. von Dietmar Bader. München, Zürich: Schnell & Steiner 1982, S. 11–20. (Schriftenreihe der Katholischen Akademie der Erzdiözese Freiburg).
UND DAS EWIGE LEBEN
In: *Amen, so sei es. Zeugnisse zum Credo.* Hrsg. von W. Nonhoff. München: Kösel 1982, S. 115–123.

Druckversehen in den Originaltexten wurden in der vorliegenden Ausgabe beseitigt. Ebenso nahm der Hrsg. dort, wo dies der Lesbarkeit wegen notwendig erschien, kleinere, den Inhalt nicht verändernde grammatische und syntaktische Eingriffe in den Text vor. Die Mündlichkeit des Sprachduktus in den Texten, die ursprünglich als Vorträge vorgetragen wurden, wurde beibehalten.